西津古渡

Xijin Ferry

符号江苏·口袋本

滕建锋 ◎ 著

江苏人民出版社

江苏凤凰美术出版社

图书在版编目（CIP）数据

西津古渡 / 滕建峰著. ―― 南京：江苏人民出版社，
2016.4

（符号江苏·口袋本）

ISBN 978-7-214-17531-1

Ⅰ.①西… Ⅱ.①滕… Ⅲ.①镇江市－地方史 Ⅳ.
①K295.33

中国版本图书馆CIP数据核字(2016)第054312号

西津古渡

著　　者	滕建峰
摄　　影	徐振欧
责任编辑	汪意云
责任监制	王列丹
装帧设计	王　茶　樊旭颖
出版发行	凤凰出版传媒股份有限公司
	江苏人民出版社
	江苏凤凰美术出版社
出版社地址	南京市湖南路 1 号 A 楼，邮编：210009
经　　销	凤凰出版传媒股份有限公司
排　　版	江苏凤凰印刷数字技术有限公司
印　　刷	南京精艺印刷有限公司
开　　本	787 毫米 × 1092 毫米　1/32
印　　张	5.25　插页 2
版　　次	2016年4月第1版　2016年4月第1次印刷
书　　号	ISBN　978-7-214-17531-1
定　　价	26.00元

目录

C ONTENTS

西津渡被称为"古渡",名副其实。考古证实,这里5000多年前就开始有人类活动,远古时代这里就是天然港湾。有文字记载的历史也非常悠久,春秋战国时期,这里就是吴楚通津的古渡。三国至唐代,称"蒜山渡",是著名的江南古渡,诸葛亮和周瑜定计火烧曹操的故事就发生这里。唐时江宁属润州管辖,所以润州当时也称金陵,这里也因此叫过"金陵渡"。唐天宝元年,润州改丹阳郡,这里又被称"丹阳古渡"。西津渡之名得自晚唐,其时北固山下有甘露渡,西津渡在甘露渡之西,也在镇江城

清时金山浮玉图

的西面,故称"西津渡",沿用至今。不过沧海桑田,从清朝中叶起长江镇江段开始不断南淤北坍,渡口也因此不断向北延伸,到上世纪八十年代还在发挥功用。2003年底,镇江市区连接渡口的沪宁线市区铁路停止运行,这里才完全失去渡口功能。

渡口商旅往来,街市也因渡而生。过去,有些专家认为西津渡是千年古渡,而次生的小码头街则只是百年古街,为此,学术界争论很大。直到2000年考古学家们在这里开发了一个考古坑,才解决了这一争论。到西津渡游玩,无论懂与不懂,都得来看看这个小小的"坑道"——"一眼看千年"。考古坑展示的是古街的历代文化堆积层，层层叠压相加。第一层清代路基，兴建年代大约在百年之前的光绪年间，当时的路面为中铺条石，两边铺以块石；第二层路面主体为横向铺砖，旁边砖砌路牙，是明代烧制的青石小砖，由此也看出明代时古街已十分繁华；第三、四层的路面均为碎石夹夯土铺设，考古分析这一层不晚于唐代；第五层的路面为"千层饼"状土路，内

一眼看千年

含早期砖瓦及夹砂陶片，形成年代可能在唐以前；最下面的第六层路面是山体岩面，明显经过人工打凿，偏北侧形成陡坡直落北侧江中。一个小小的考古坑如时光穿越，反映古街的形成使用从唐代至今延续未断，科学的考古证明，小码头街是千年古街。

中国是世界四大文明古国之一，镇江也是千年古邑历史文化名城，所以有几个渡口、几条古街能检索出悠久的历史并不足为奇。西津渡招人喜欢，绝不仅仅是其历史悠久，可聊发思古之幽情，它美得那样亲切：漫步在这青石板铺就的古街幽巷，处处青砖黛瓦而又绿意盎然，不时能迎头撞上一个可供细品的历史遗迹，旁边一个个小小的招牌能打消厚重人文给人带来的沉闷感觉。如果你是考据控，你可以在这里研究几天、几个月、几年，会有源源不断的课题涌来，让你在故纸和旧筑之间不能自拔；如果你是美景控，爱好的是画面，这里幽深的巷道、连绵的老屋会耗尽你的相机电池；如果你是气氛控，爱的是小资的宁静，这里的一张小小的石凳、一座不起眼的庭院、一家别具格调的客栈或酒吧，都会让你怦然心动，流连忘返……

上图：2005年的小码头街　下图：20世纪30年代的镇江码头

19世纪70年代的金山

◎ 古渡与古街

漫步在这条古朴、典雅的古街道上，仿佛是在一座天然历史博物馆内散步，这才是镇江旅游的真正金矿。

——【英】韩素音

青砖黛瓦、青石路面、窄街仄巷……你是不是看了太多这样的古街古镇？西津渡也是这样的古街，但远远不只是这样的古街。当你行走在千百年来车辙磨砺出深深印痕的街面上，发思古之幽情，陶醉于民居错落、层峦耸翠、飞阁流丹，而遥想这里曾经的惊涛拍岸、千帆入津、商贾云集，你又会生出怎样的感触来？

建筑是历史的年轮，在西津渡不大的街区里，有昭关石塔等3个国家级文保单位，25个

西津渡鸟瞰

省、市级文保单位,这两个数字本身已极具分量。著名古建筑专家、中国文物学会原会长罗哲文先生给予西津渡极高的评价,称西津渡是"绝无仅有的古渡遗存","它留下的历史信息和文化内涵,是不可代替的"。在西津渡,我们可以看到不同的中式建筑,有南方三合院、北方四合院、江南骑楼结构、上海的里弄胡同等;也可以看到不同的西式建筑,有哥特式、东印度式、传统复兴式等,这是怎样的杂糅,又是怎样的和谐统一?其实,从根本上说,西津渡街区里无论宗教、建筑、文化、租界还是民俗风物等,都因渡而生、靠江而兴。要读懂西津渡，最根本就应该了解其历史演变及其独特的津渡文化。

直至唐时，镇江都还尚为长江入海之口，焦山之地也有"海门"之称，唐朝政府在润州设立节度使时用的也都是"镇海"之号。五代以降，长江入海口逐渐东移，到宋时江面虽仍"阔二十余里"，但距海已远，于是"镇海军"就变成了"镇江军"，宋徽宗当上皇帝后，下旨"升润州为镇江府"，这也是"镇江"得名之由来。西津渡临江皆是断矶绝壁，东部又以象山焦山为屏障，挡住汹涌的海潮江涛，从三国到清后期，西津渡一线绵延一千多年，一直都是岸线稳定的天然港湾，"舟楫如蚁，帆樯如云"，是重要的长江港口。

隋时江南运河开通，镇江因处于万里长江和京杭大运河十字交会的枢纽地位，自唐以降更是成为漕运重镇、交通咽喉。因其地位要害，也成为历代兵家必争之地，作为镇江最重要的渡口，西津渡自然首当其冲。三国时期，曹操率百万大军南下伐吴，孔明与周瑜在蒜山定下火烧之计；东晋刘裕与孙恩之大战亦发生在这里；南宋抗金将领韩世忠驻兵蒜山，夫人梁红

梁红玉击鼓战金山
（珍艺书局刊本《说岳全传》）

玉亲自击鼓，困金兵十余万于黄天荡……金戈
铁马，鼓角铮鸣，历史上发生在这里的战事有
数百次之多。

　　自古北方多战乱，每当中原战事连绵之时，
地处富庶江南的镇江因其独特的交通地位，成
为移民南下的首选落脚之地。历史上镇江曾多
次大规模接纳中原移民，如两晋时的"永嘉南
渡"，北方社会动荡不安，迫使士族和百姓大量
南迁，"中州士女避乱江左者十六、七"，门阀
士族带领家眷、民户流徙到江南，这也是有史
以来中原汉人第一次大规模南迁。两宋之交也

图例

- ▦ 基岩山地
- ▦ 下蜀土阶地
- ○ 故城址

- ‒·‒·‒ 春秋战国时岸线
- ‒ ‒ ‒ 汉晋时岸线
- ‒‒‒ 唐时岸线
- ‒‒‒‒ 明清时岸线

长江镇扬河段历史变迁图

出现了全国性的移民大潮，"高宗南渡，民之从者如市"，"淮人多避地京口"，移民们从江北瓜州上船逃至江南从西津渡登岸，镇江再次成为移民集中的城市，"南徐州"之称也是明证。放眼世界，文化交流也在人来人往交融碰撞中悄然展开，许多国际知名人士都在西津渡留下了他们的足迹，如元代意大利著名旅行家马可波罗，日本著名画家、高僧雪舟，美国诺贝尔文学奖获得者赛珍珠等等。

西津渡渡口的变化与长江河道变化紧密关联。在《镇江交通史》一书的第一章，刊有一幅"长江镇扬河段历史变迁图"，从这幅图中可以清晰地看出长江改道情况。根据史料记载，春秋战国时期西津渡南倚云台山，江面宽40多里；到了汉、晋、唐时期，江面已逐渐缩小，北宋时江宽仅18里。在相当长的历史时期里，北岸的江面变化频繁，而南岸变化不大，特别是西津渡一线，江水一直沿云台山、蒜山边而过，这些山头皆是岩石地质，江水冲刷作用相对较小，西津渡一直作为天然良港而存在。唐代中叶起，镇扬江段南坍北涨，江水直拍云台山北固诸山之麓，直到明末清初即17世纪初期，长江主流还是沿北固山流经焦山象山之间，镇江港埠水深达四五十米，更是理想的深水港区。

让西津渡渡口功能开始受到威胁的是长江的北坍南淤。大约从康熙年间起，一场长江改道的历史大剧就开始惊心动魄地上演了：

康熙十五年（1716）六月，瓜州漕船经常屯泊的花园港坍塌120丈，致使囤船无法停靠。乾隆年间，为阻止坍塌，在瓜州城为回澜坝等地抛填碎石，用以保护城根。到道光年间情况更严重了，"逐年愈坍愈甚，全城岌岌可危，如聚宝门、南门、西门、便宜门先后皆坍于江"。

瓜州古渡

到"光绪元年（1875），整个瓜州全城皆沦入大江"了，并继续向四里铺逼近。无论文艺家们接受与否，那个曾无数次被诗人吟咏过的瓜州城早已没入滔滔江水之中，踪迹难寻！

与北岸坍塌对应的是，南岸诸渡则开始淤积，这从曾经的"江中浮玉"——金山的登陆过程即可见一斑。

道光年间，金山还在江中，咸丰年间山北开始长出新滩，"潮汐日向东南直来，积淤成滩；江面岁向西北，徒阳有京口闸，漕河逐渐淤积，每届秋冬，则河身高于江面，停舟无所，民间食水亦多不便"。同治十二年（1873），金山西南两面也出现淤积，到光绪五年（1879）时，长出来的沙地已经"直连南岸，山南竟不通舟楫，水涸登山可以徒步"。到光绪末年之时，金山已

金山寺

"四面皆涨沙，山已登陆"，成为南岸陆地的一部分，信男善女到金山烧香礼佛不再需要乘船过渡了。在西津渡街区小码头考古坑道不远处，有几个铜铸雕塑的小品，其中之一就是"骑驴上金山"，对许多老镇江来说，这是个再熟悉不过的场景，当时西津渡的五十三坡就是重要的租驴场所，到金山寺进香，只要在这里雇一头驴，不要吆喝，驴子屁股一撅一溜烟儿就把人送到寺外了。

实际上，长江的北坍南淤时至今日仍在进行之中。监测显示，以世业洲分汊为例，到上世纪七十年代，仍有75%江水"走"南汊；而

骑驴上金山

贩夫

进入 21 世纪，从南汊"走"的江水已减少到
30%，主江如此"三十年河东、三十年河西"
的摇摆，对沿江各类设施尤其是润扬长江大桥
造成了极大的威胁。2002 年 6 月到 2004 年 9 月，
一项被誉为"水下长城"的长江镇扬河段和畅
洲左汊口门控制工程建成，在长江这样的大江
大河中通过建设水下大坝以控制河势变化，属
国内首创，世界罕见。

渡口人来人往，自然渐有街市。六朝以来，
随着渡口的发展，慢慢形成西津渡古街。北宋

时期，在西津渡已逐步形成了一个相当规模的集市——江口镇，俨然成为一座享有重要地位的卫星城，南北商旅，多经此出入，"广客船并海南番船转海至镇江府买卖至多"，泊品交易已经很发达了。元代西津渡街市规模进一步扩大，其时镇江城有七隅二十八坊，与西津渡有关的就有临津隅、通津坊、江口坊。及至清时，长江北坍南淤，津渡码头随之往北延伸，街区也不断扩展。伴随着江海河岸的历史演变，西津渡也逐渐从一个渡口渐渐演化一条古街，进而成一片古街区了。鸦片战争爆发后，租界的建立，领事馆、工部局等大量西式建筑的出现，又为这片传统历史街区增添了新的内容。

如今，我们徜徉在西津渡古街，从观音洞往西下行至小码头街西口，短短几百米有各式店铺150余家，尽是窄街小巷，让人不自觉陶醉其中，那成片的保存完好的清末民初的传统建筑及勾连其中的古老街道，街道旁多为两层砖木结构的小楼，雕花的窗栏，把我们带到那曾经繁华的时代。沿街行走，我们能清晰地看到"利泰坊""长安里""吉瑞里""德安里"等题额，可以体会到巷口过街楼"借天不借地"

各式店铺

的妙处。街口巷中遍布各式客栈和特色小店，大多数都是"前店后坊、上宅下店"的模式，加上救生会、救火会、天都会、斗姥宫等各种机构和庙宇，这里就是一个完整的旧时小社会。青石板上的车辙、翘角的飞檐、斑驳的柜台，仿佛是历史传来的回声，诉说着古街曾经的繁华。从观音洞往东行至五十三坡，眼前所及又一片西洋风情，雄伟的西式券门、高耸的垛楼，也都提醒着人们过去得并不太久的历史伤痛和沧桑。

到本世纪初，西津渡码头功能完全丧失，西津渡景区的建设保护工作进一步展开，环云台山一带的长江路、迎江路、伯先路、京畿路、云台山路、新河路这几条马路的围合区，均划入了西津渡景区的范围，经过多年修整，西津渡也越来越美丽，既古朴盎然而又清新可人，成为镇江对外形象的靓丽名片。

西津渡古街

◎ 昭关石塔

这里无疑是整个西津渡最吸引你眼球的地方，没有之一。

这座白色的过街石塔声名显赫，是国家级文保单位，它与观音洞、救生会一起获得过联合国教科文组织颁发的优秀遗产保护奖。在石

昭关古塔

伍子胥

湛湛长空黑，
雄太无情光，
老孤忠愤不平，
关山心无一招吴江，
中夜有涛声

孙权像

塔东、西门额上均刻有"昭关"二字，这座石塔也因此被呼为"昭关石塔"。尊踞古街的石塔是整个西津渡的形象代表，也越来越多地被各类画册用以指代镇江。不读此塔，白来一趟西津渡。

西津渡街区是开放式的，但无论你从哪里进入，几乎都会转到这里，昭关石塔与救生会、观音洞一起，构成了整个西津渡的核心博览区。走到这里，请你一定放慢脚步，放空自己，轻轻抚摸这里的每一块青砖与条石，在如画的光影里感受历史的悠远和别样的宁静。

看到昭关石塔，很多人自然而然会想到"伍子胥过昭关"的故事。

伍子胥乃楚国大夫伍奢次子。楚平王即位，伍奢任太师。后来楚平王听信少师费无忌的谗言，杀掉了伍奢，得到消息的伍子胥仓皇逃走。伍子胥先奔宋国，因宋国有乱，又投奔郑国，旋为郑国所不容，万般无奈之下，一路南行奔向吴国。这才发生了后世所流传的"伍子胥过昭关，一夜白头"的传说。

话说昭关地势险要，前临大江，并有重兵把守，楚平王将伍子胥图像发至全国各处，要求严加盘查，要想过关真是难于上青天。伍子胥心急如焚，一夜之间须发尽白。天无绝人之路，这时他遇到了东皋公。这位东皋公是名医扁鹊的弟子，也是侠义之士，他非常同情伍子胥，把他接到自己家里藏了起来。东皋公有个朋友，名叫皇甫讷，长得有点像伍子胥。东皋公让他冒充伍子胥过关。守关官兵逮住了这个假的伍子胥，而真伍子胥因为头发全白，面容大变，守关官兵没认出来，得以混过关去。

伍子胥到了吴国，辅佐吴国公子光夺取了王位，即吴王阖闾。吴王阖闾封伍子胥为大夫，帮助他处理国家大事；又用了一位将军孙武，后者是个善于用兵的大军事家。依靠此二人，吴国国势日益强盛。公元前506年，吴军在孙武、伍子胥率领下，从淮水流域西攻到汉水，五战五胜，攻克楚国都城郢都。

据说吴军攻克郢都时，楚平王早已死去，其子楚昭王也逃走了，仇恨楚平王的伍子胥还干过刨坟鞭尸之类骇人听闻的事。为了抵抗吴国，楚臣申包胥又入秦乞师，在秦廷哭了七天七夜，秦出兵助楚复国，这又是后话了。

有学者考据指出，对于西津渡，这个故事当是附会。既然昭关有重兵把守，当是吴楚边境要塞，而西津渡形成在三国时期，孙权在此操练水军方才有了码头，自东周至三国，此间已去数百年矣！另外，伍子胥是过昭关后才渡的大江，而西津渡则在江之南，与行程也不符。专家们大多考证认为伍子胥过的昭关在如今的安徽省含山县，现在那里有昭关镇，也建起了公园，搞起了旅游，卖的就是这个故事。

其实，无论是西津渡还是昭关石塔，也都无意去争伍子胥之名。昭关得名还有说是来自三国时期东吴云阳人（今江苏丹阳）韦昭，其作《伐乌林》曲，吴军赤壁得胜之后，高唱此曲由此地入关，因而得名"昭关"。还有学者认为，昭关之名是取昭字"光明"之义，以彰佛法无边，讨的是保佑往来大江之人平安的彩头，这可能更接近其真意。西津渡自古为南北之关口，江阔水急，船只往来频繁。专家考证，过街石塔又称喇嘛塔、瓶塔，起源于南印度，《佛祖历史通载》记载：外邦进贡佛舍利给元朝皇帝，皇帝则将佛舍利放在过街石塔内，让来往的众人同享佛舍利的佛缘和福分。按照佛教的解释，塔就是佛，所以从塔下券门经过就是礼佛，是对佛的顶礼膜拜，这确与西津渡之渡口文化是丝丝合扣的。无论后人如何解读，数百年来，昭关石塔就这样静默矗立，不置可否。

学者们考证确定，昭关石塔是由元武宗下令重修的，是金山寺般若院的一部分，主持者刘高是曾参与修建元大都白塔寺工匠刘元的子侄，大约完工于至大四年（1311）。元代藏传佛教盛行，元朝皇帝亲派著名工匠煞费苦心地在南北重要渡口建造了这么一座过街石塔。石塔尊踞古街高处，可望南来北往芸芸众生，东向门洞不远处即为五十三坡，而南面则与观音洞铁柱宫紧紧毗邻，众神皆在此，往来即礼佛，也可视作是当权者的用心良苦吧。

历史上记载元朝的大都南门、卢沟桥旁也曾建造过过街石塔，但此二塔早已无存。居庸关

券门

五十三坡

　　也曾建造一座宏伟的云台上设三塔的大型过街石塔，至今仅存云台塔基部分。据罗哲文等全国知名专家考古鉴定，一致认为昭关石塔是我国现存唯一保存完整的、时代最早的过街石塔。

　　从文物的角度来看，昭关石塔则更显其历

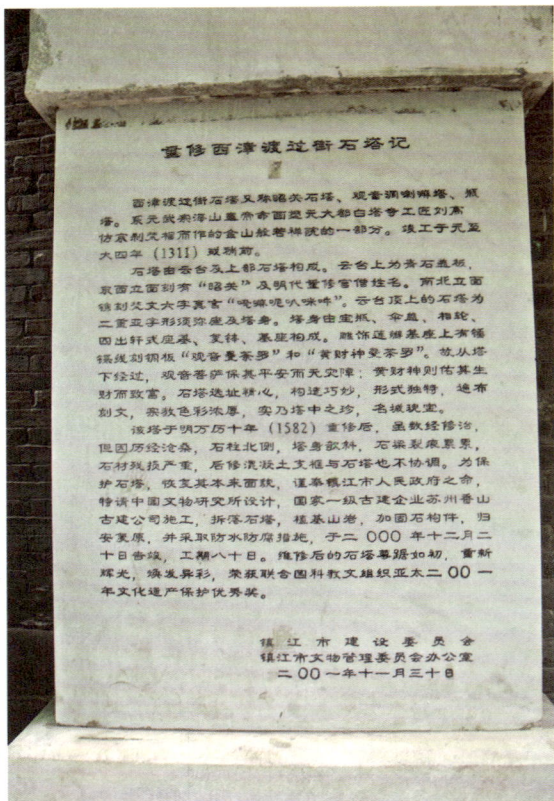

重修西津渡过街石塔碑记

史人文价值之厚重。其造型由下部的云台及上部的石塔构成，通高 8.635 米，分为塔座、塔身、塔颈、塔额、塔顶五部分，全部用青石分段雕成。石柱塔身均有各种雕饰和刻文，如东面两石柱外侧刻有"当愿众生，受天人供"，两侧边款则

昭关石塔塔身的雕饰、刻文

昭关石塔局部

有"法轮常转""佛日增辉"等汉字及梵文，四个塔柱内侧刻有"南无大方佛华严经"，细读之下，尤觉生动精妙。

昭关石塔在明清时期经历过数次重修。罗哲文先生就说此塔"明朝万历年间的重修，只是局部性的修补，塔下的横梁框柱可能更换过一部分，但塔身还是元代遗物"。但其中出土文物却少有记载。按规制，塔中应藏有舍利子，但今已不见。2000年时，此塔又进行过一次修缮，并在覆钵（就是那个瓶状的塔肚子）中发现了刹竿、铜瓦、曼荼罗等一批文物，亦为稀世珍宝。

◎ 救生会与义渡局

　　西津渡街区总体是开放式的，只有少数几个景点，参观是需要购票的，救生会就是其中之一。客观地说，购票更多地在于控制人流，

救生会全景

即使是现在，仍不难看出救生会是居高建在峭壁之上，当年便于观察江面险情，以便及时施救，如今管理者却不能不更多地考虑安全因素了。救生会遗址就在过街石塔北侧，如果你来到了西津渡，要了解西津渡街区与其他众多历史老街的区别，救生会就不能不看。

西津渡的江面航行管理和救援起步非常之早，在救生会内有一块"中国救捞教育基地"的匾额，是中国交通部海上救助局所授。2004年，时任交通部救捞局局长宋家慧在英国参加国际救捞协会年会，会上英国皇家救生艇协会执行总裁安德鲁·弗里曼特尔先生对宋局长说，世界上最早的专业人命救助机构在中国，这个机构就是江苏镇江西津古渡救生会。

"大江横万里，古渡渺千秋"，西津渡北对瓜洲，江面辽阔，江水湍急。唐代大诗人孟浩然就留下了"江风白浪起，愁煞渡头人"的诗句。唐天宝十年（751），一次就有数十艘舟船沉没；宋绍兴元年（1113），一艘渡船离岸不久即遇上风涛，连艄公在内45名渡客无一生还；明万历年间，长江上的一阵狂风竟摧毁了千艘漕船和民船，历朝历代，见于记载或不见于记载的此

善士共创救生会

类事故不胜枚举。再加上西津渡的交通位置和日益重要的军事地位，封建统治者也越来越重视港口的安全管理，善人义士也踊跃地投入到江上救生和义渡事业，在中国救生史和慈善史上都留下了光辉的一页。

1. 官府操办的津渡管理与救生

梳理西津渡江面管理和救生历史，救生会里的专题博物馆有着详尽的展览，可供细读。如要删繁就简，则可从二楼的"三官一民"四个蜡像说起，由人及事，大概会明了很多。

第一位是蔡洸。蔡洸算得南宋名臣，他身出名门，其祖父就是中国书法史上赫赫有名的

"三官一民"蜡像

"苏、黄、米、蔡"四大家中的蔡襄，他的父亲
也曾做过高宗朝左中大夫。蔡洸以荫补将仕郎，
曾出任吉州知府。孝宗即位后，蔡洸应诏进入
刑部，不久即转徙度支，开始了他为国理财的
生涯。由于当时隆兴北伐正在进行中，朝廷让
他以户部郎总领淮东军马钱粮、知镇江府。

蔡洸算得治世能臣，其卓越的理财技能为
后人称赞，他任镇江知府期间，干了不少利国
利民的事，其中之一就是在西津渡创立了世界
上最早的水上人命救助机构。他命人购置了5
条大船，每条船上挂一面旗帜，以"利、涉、大、川、
吉"作标志，用以济渡救生。同时立规章制度，
限定渡船载客人数。从此，西津渡的渡船收有数、

发有序,秩序井然。

蔡洸留下了很
多感人的故事。有
一年天下大旱,大
运河水位很浅,附
近的老百姓为了
生存,在大运河上
筑坝引水灌溉,漕
司下文书请蔡洸将
这些坝断开,蔡洸

蔡洸

很关心百姓疾苦,说:"我不忍心得罪老百姓",
将公文搁下不予处理。不久天降大雨,漕运通
行无阻,百姓庄稼丰收。老百姓感恩蔡洸的行为,
编成民歌歌颂此事:"我潴我水,以灌以溉。俾
我不夺,蔡公是赖。"

蔡洸为官非常清廉,所得俸银,常常用来
救济贫困的亲朋好友,退休时却囊无余资,连
回家的路费都没有,"至售所赐银鞍鞯治行",
世人皆称其不愧"忠惠"之谥。

第二位是段廷珪。段廷珪,字君璋,元皇
庆二年(1313)至延祐三年(1316)任镇江路
总管,也是镇江最高的军事长官。如果说蔡洸

是位开拓者，他则是制度化规范管理的集大成者。他改革渡口用人制度，革去历年滥设码头监渡人吏，订立严格的规章制度。

段廷珪

元代"南北混一"后，经西津渡渡江的人更加多了起来，"渡口监渡官吏中有人滥用职权，以盘诘、路引为借口，多方勒诈，滥委监渡人吏，倍取渡钱。稍若无得，不许登舟。"许多过江旅客只有取道私渡。然而，私船主又多是些无籍艄工和无业游民，敲诈钱财更加肆无忌惮。他们常常驾船行至江心湍急之处，故意缓帆停橹，任船只随浪颠簸，胁迫渡客拿出钱财，如果不能遂愿，便将船翻转。

段廷珪到任后着手整顿江渡秩序，下令在西津渡新增渡船 15 艘，又在渡船上添设艄工水手，要求各船竖立旗号，并标明艄工姓名。船工、水手全由官支粮米，不许向旅客要渡钱。

他又规定路、县级正职官必须每10日一轮，亲自到渡口巡检，禁约民间小船，不许私渡。各渡船必须由官收船资，以免渡船挟带和勒索旅客。沿江巡警，如果官船不插旗号，违例非法索要船钱及小船私渡者，"枷项众令，后犯人替"，津渡秩序为之一新。

第三位是明朝的周忱。宣德五年（1430）九月，周忱以工部右侍郎衔，巡抚江南诸府，总督税粮。一个小小的镇江城，竟然要当时正二品的侍郎来坐镇，也从一个侧面反映了镇江城市地位的重要。

周忱为西津渡的管理做了许多实在的事，如为西津渡渡口添置2艘大船，并招募水手30余人驾船济渡救生。他还亲自率领民工修建西津渡石堤30余丈，使船得以直抵江边，方便旅客登船。

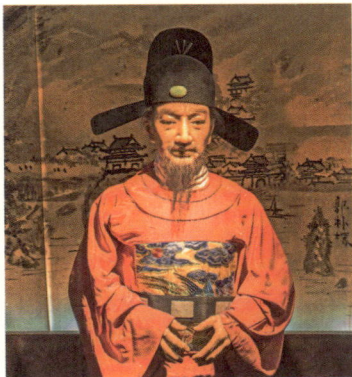

周忱

2. 善人义士与京口救生会

蜡像中的以上三位，都是地方父母官，严格说起来这些事是他们的职责本分。到明末清初，民间善人义士开始积极地投身到救生事业当中来了，四位蜡像中唯一的"民"——蒋豫，就是其中杰出代表。

明末战乱频繁，官办救生渐渐难以维持，兴化绅士李长科感念民生维艰，捐资给玉山报恩寺主持长镜，修建玉山避风馆，并率众僧建造救生红船10只，奖励救生者。玉山避风馆由明及清，一直延续未断。大约在清康熙四十一年（1702），京口蒋元鼒等15人（一说18人），集资在西津渡创立了京口救生会，如今一进入救生会大门一眼就可以看到三个塑像围绕在一张桌子旁，模拟的

蒋豫

筹办救生会情景雕塑

就是当时筹办救生会的情形。救生会对救捞者给予奖赏，对落水者给予救助，对死难者给予置棺装殓。京口救生会的作用与职能与宋元以来的官渡有重要区别：官渡主要是官府负责南来北往人员及其货物的渡江运输，兼及救生，而救生会则是专门打捞沉船和江上救生，且是民间兴办，自筹捐款，不领官费，属慈善机构。

救生会创立后，曾一度经费紧张，救生工作濒临停顿，乡绅蒋豫挺身而出，广泛召集乐善好施人士，全力振兴救生会。尤为让人感佩的是，此后蒋氏一门连续七代共160多年都致力于苦心经营救生会，从未交于他姓，在京口之地广为传诵！

救生会外景

救生会内景

蒋宝保救生会

　　救生会最早是在观音洞中创办，义举引起
社会热烈关注，前来捐款、捐地官员乡绅与百
姓很多，资金充裕，购得昭关晏公庙旧址，建
造会所，也就是救生会现遗址。咸丰年间，西
津渡成了清兵和太平军的重要战场，双方在
1853年至1863年之间来回拉锯，争夺异常激
烈，救生会所毁于战火，到光绪二十一年（1895）
方得以重修。二次鸦片战争后，英国侵略者侵
占镇江，强行将救生会所用作领事馆。镇江官
员常镇道许道身在英国人的逼迫下，要求蒋宝
向英国人领取租金，妄图使这种抢占合法化。

作为蒋豫后人，蒋宝全力保全救生会会址，拒绝领取租金。镇江乡绅也联名呈信给丹徒知县，强烈要求英领事馆另行择地建馆，归还救生会所，老百姓也以各种形式抗议。光绪二年（1876），镇江美、英领事馆建成后，英国人将昭关房屋归还救生会。

救生会持续很久，直到1936年尚有红船7只，每船船工7人。随着小轮业的不断发展，直到新中国成立前夕，救生会才彻底结束它的历史使命。

3. 五业公会与义渡局

义渡义渡，道义之渡也，说白了就是免费渡人过江。由于免收渡费，需要过江的穷苦百姓肩挑负贩，引车卖浆者尤其受益匪浅，因而交口称赞。

说起来，义渡出现与晚清政府积弱、社会动荡、官渡混乱不无关系。尤其是同治年太平天国战事结束后，大批裁撤湘、淮军，众多被裁撤而又无家可归的散兵游勇四处流落，部分流落在镇江成为"船民"，他们表面上以"片帆

义渡局

双桨"的小船营生，实际上干着江上盗匪勾当。南来北往的客商，搭乘此种小舢板渡江的，往往遭到谋财害命，钱物被抢劫一空，人则被投入大江，葬身鱼腹。小船出没无常，行踪飘忽，商旅深受其害。

这时，在镇江经商的浙江余姚商绅魏昌寿邀约同乡魏铭、严宗延等五人开会，决定成立义渡局，集资建造大型帆船，行驶于瓜洲与镇江之间，运渡南来北往的旅客。同治十年（1871），他们将计划报请地方政府批准，并着手造船，次年（1872）四月共建成大船10只，分泊南岸镇江，北岸瓜洲、七濠口，每日按时对开，取名"义渡船"，设局管理，是为义渡局。总局在镇江小码头西津渡（即现在义渡局巷），另于长江北岸瓜洲、七濠口各设分局。

与救生会一样，义渡船也非营业性的慈善事业。而管理人员及各船舵工、水手的薪金以及船只的保养、修理、更新等所需，均需钱款。

义渡局支巷

于是又由魏昌寿等报请地方官厅，要求镇江商界洋货、洋药、洋行、杂货、钱铺5个行业的公会认捐轮办，每个行业公会承值一个月，由行业董事会负责管理义渡局的日常事务，5个月一轮，周而复始。

与救生会蒋氏相似的是，义渡局发展中也出现了"于氏一门"。同治十二年（1873），五业公推于学源（字百川）总管局务。于百川原籍瓜洲，同治初年移居镇江，为人干练而长于经营，他以商业起家，乐善好施，老来更甚。于百川主持义渡局事务后，恰逢各方捐款来源丰裕，他精打细算，节省开支，便逐年积有余款，陆续添置恒产。其中包括购买镇江、扬州两地市房14处，购买镇江、江都两县沿江的连城洲芦滩280余亩，永济洲芦滩2800余亩，济善洲芦滩8200余亩，这些产业的常年租金收益作为义渡船的固定经费，为义渡船能够长期坚持，在经济上奠定了坚实的基础。在义渡局历史上，这是一项关键性的建树。

光绪二十八年（1902），于百川逝世，五业各董又公推其侄于树滋接办。于树滋主事5年，因病请辞，义渡局恢复五业轮流经办，但旋即又推于百川之子于小川主持渡局诸事，前后又达30多年。

镇江义渡局从创建到结束，虽由商捐商办，但收效很大。原因之一是有严格的规章制度，局内全体职员及各舵工、水手，上下都遵照执行，对镇江航运事业作出了重要贡献。据民国贾子彝编的《江苏省会辑要》一书记载，义渡局每年渡客约50万人次。

4. 救生义渡皆红船

在救生会院内，最夺人眼球的是一艘通体大红的木船，此船是用一条废弃的木船改建而

红船模型

明代救生船模型

成，规格大概是旧时红船真船的三分之一。红船一直是救生船的标志，后来义渡局也有救生功能，因而义渡船也使用红船。

红船最早出现在明末清初时，当时的金山寺僧人和镇江乡绅曾在尚处于江中的金山脚下停放了数条红船，作救生之用。救生红船除了船面板是桐油浸刷外，其余船体全部为鲜红色，十分夺目耀眼，全船红色标志着其特殊的作用，在行动时警示其他船只迅速避让，提供抢救的方便。

红船两边各设有四对船桨，行驶分外快捷。船头刻有虎头，挂有康熙皇帝御赐虎头金牌。

红船起锚救生时，船夫乡勇"当当当"敲起大铜锣，所有的船只都要让开，所有的关口都要打开，以便红船在最短的时间内赶到出事地点。操作红船的都是训练有素的水手，救生会的章程也规定了奖赏的银两数目，当时救生红船的救助效率很高，被救助的人不计其数，誉满大江南北。清康熙帝大为称赞，命令礼部左侍郎兼翰林院学士、镇江人张玉书立《御制操舟说》，并刻碑立于金山寺。

镇江救生会的义举产生了强大的辐射力。据方志记载：雍正九年（1731）镇江江对面的瓜州江口和息浪庵就设有救生红船。道光四年

天下红船

金焦寺僧救生

（1824），京口义士陈宗联创立了瓜洲救生分会，与京口救生会形成南北呼应之势，当时已经拥有 47 艘救生渡船的扬州盐院决定调拨 10 艘红船支援瓜洲，使江北的救生力量得到有效加强。四川督臣丁宝桢受镇江救生会影响，捐银在湖北宜昌创办"峡江救生总局"，造船进行救生，造福峡江行旅客商。

嘉庆以后，社会上捐造红船的人很多，一些朝廷大员也将自己乘坐的官船名为救生红船。仪征人阮元任江西巡抚时，所制红船行驶极稳，且速度极快，他心中大快，写诗赞扬救生红船："南人使船如使马，大浪长风任挥洒。红船送我过金山，如马之言殊不假。我嫌豫章无快船，造船令似金山者。鄱湖波浪万船停，惟有红船舵能把。洪都三日到江都，如此飞帆马不如。"

岁月荏苒，无论历史曾经是多么生动，当历史一旦成为历史，就会变得那么抽象而冰冷，让我们所有试图还原历史的努力往往都化作徒劳。如今的大江，争流的百舸早已多是钢铁制造，海事局救生的快艇也是风驰电掣，曾经挽救了无数江中惊魂的"红船"已变为模型，搁在庭院里，供人观赏，发思古之幽情，曾经惊涛中的呼号，如今沉淀为一个古街的文化符号，思古及今，当有几分庆幸或是幸福吧。

清 周镐《江上救生》

飛閣流丹

◎ 宗教遗存

　　旧时由西津渡北上广陵，"风帆往来，约六十余里，江阔而险"，当"江风白浪起"时，不光会"愁煞渡头人"，更是会对江中渡客的生命财产安全造成极大威胁。在救生会红船奔忙的同时，人们也会转过身来，躬身神佛，祈求保佑。于是我们不难理解整个西津渡有着大量

普陀岩门额

的宗教遗存，其中最具代表性的除了昭关石塔，就是观音洞、铁柱宫了，他们与救生会一起构成了整个西津渡街区的核心区。

观音洞就在救生会一街之隔的正对面，有东西两个门额，分别在昭关石塔的东西两侧。东侧门额上书"普陀岩"，是当代书法家许宝驯的手笔；西侧门额为"观音洞"，为清代侨寓镇江的宜兴籍学者陈任旸所书。洞始建于宋，后毁于清道咸战乱，清咸丰九年（1859）重建，同治元年所立"重修观音洞记"碑石就记载了重修观音洞的史事。

外观观音洞，是一幢青砖黛瓦的古建筑，进入洞内你会发现里面原来就是原始岩洞及天然山体。洞口供奉着一尊汉白玉石的观音大士

观音洞门额

观音洞外景

像：脚踏莲座，左手持净瓶，右手上扬，神态慈祥端庄。观音洞有一段民间传说的来历。相传，有一次大慈大悲的观世音菩萨脚踩祥云途经镇江江面，正遇江上起大风，只见江水黑浪如山，江上的许多漕船和民船都被掀翻，落水者不计其数，呼叫救命之声惊天动地，鬼哭神泣。观世音菩萨目睹江面上那惨烈的一幕，慈心大发，伸出援手，将挣扎在波涛中的遇难者救上了岸。人们感念观音恩德，于是在昭关石塔南面山体上凿成了这个观音洞，长年香火供奉，祷求平安。

观音洞又名古普陀岩，清《丹徒县志》记载："普陀寺在西津坊大码头，唐时建。"相传，晚唐时西津渡有一位巡防士兵是浙江定海人，他回家探亲时听家人讲述了许多南海普陀山观音菩萨救苦救难的故事。他想："蒜山渡口，津横蒜石，环若列屏，白如莲花，这里终日银涛滚滚，岸边金沙堆积，多么像美丽迷人的家乡普陀山啊！如果在这里建一座普陀寺，该多好啊！"他再次回乡探亲时，特地请雕工仿照普陀禅院观音大士佛像，历经数月雕成佛像，用船装运到西津渡，供奉在渡口庙中。从此，渡口老百姓据说常看到一位白衣观音升腾飞舞，显灵说法，救苦救难。

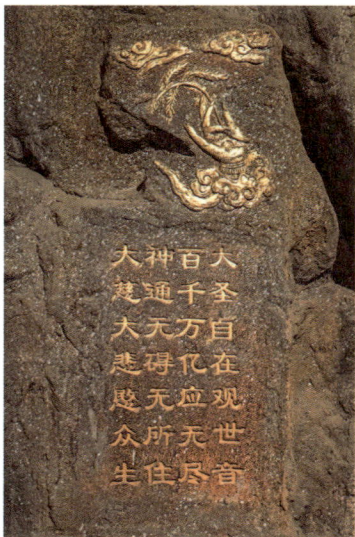

观音洞石刻

观音洞内观音塑像

　　如今，观音洞已建成一个观音文化展览馆，展示着观世音在中国的历史及演变，观世音的教化故事及民间传说，观世音与道教、民间请神的关系等内容。沿观音洞浏览路线顺行，可至洞后半山腰。此处原为绝壁，为使整个展览连成一片，有关部门在悬崖上修建了栈道，栈道左侧岩下即为紫阳洞。观音、紫阳二洞分属佛、道，而在这里则以铁柱宫为轴，紧密相靠，如此奇特的宗教文化布局着实少见。

　　明《正德丹徒县志》记载："紫阳洞，在西津渡银山，岁庚辰（1520）闰八月十八日，皇

紫阳洞

上尝幸。"文中所称"皇上",即正德皇帝朱厚照,他也是明代痴迷道教的君主之一。既然连皇帝都赏识,紫阳洞的名气也随之飞扬。嘉靖年间,日本高僧策彦周良曾两次率使团访华,途经镇江,流连于名城的山水间。在他回国后出版的日记体《入明记》一书中,记有当时亲眼目睹紫阳洞的情景:"归路,山侧有石洞,洞口揭'紫阳洞'三大字,洞里按紫阳君像,像前有香灯之设。"

紫阳洞内供奉的"紫阳君",为北宋年间的张伯瑞。张伯瑞字平叔,号紫阳,天台人,生于北宋雍熙四年(987),卒于元丰五年(1082),为宋代道教金丹派著名人物,专行内丹修炼,提倡三教合一，后人奉为"紫阳真人"，尊为"南五祖"之首，其道派又称紫阳派。康熙《镇江府志》亦载："银山其下紫阳洞，张紫阳真人居此。"

铁柱宫又叫铁柱行宫，是净明道的宫观，其主宫在江西南昌逍遥山，名"西山万寿宫"，为道家四十福地之一，祀奉东晋许逊为始祖。许逊，字敬之，太康元年（280）出任旌阳令，政绩卓著，"八王之乱"后弃官东归，传播道教，与 12 个骨干一起被称为"十二真君"，传说他在宁康二年（374）合家 42 人拔宅飞升，宋时封"神功妙济真君"。

2002 年 7 月，考古人员对铁柱宫遗址进行

观音洞铁柱宫

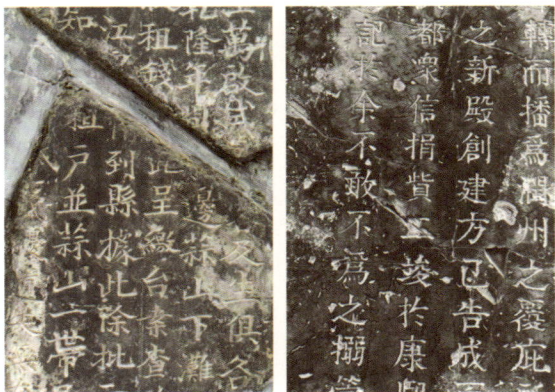

铁柱宫里的两块碑

发掘，发现了石灶像台、供台、平台、烧香池及历代入洞台坡、道路等遗迹，出土了石雕三足炉、祭兰釉平底炉、仿明成化的青花和斗彩碗、杯等文物，以及早期铁柱宫墙基和磉墩遗迹，密集的排水系统等。还有两块极具文献价值的石碑：康熙二十年（1681）的《重修铁柱宫记》和嘉庆十五年的《增修润州铁柱宫碑记》，为了解铁柱宫历史沿革和宗教文化提供了基础依据。据此我们可以知道，铁柱宫是"明代兴建"，位置在"城西隅，浮玉峤前，银山筒后"，"构庙若干楹，为神仙好楼居"，其捐造、重建和增修都与江西"客润诸君子"有关，这些人包括"服贾都、仕宦、游寓往来者"，康熙年间重修后，乾隆、嘉庆等朝都曾进行过增修和修缮。

净明道在江西十分流行。江西"客润诸君子"在此修筑铁柱宫，大约也是希望许真君之铁柱同样能锁住西津渡口的蛟龙，保佑过往船民吧。同时也可窥见江西人对故土的怀念之情。

在铁柱宫之西侧还曾建有江西会馆，也已消失在了历史的烟云中。居于水路交通枢纽的西津渡，旧时是木材重要的转运、集散之地。而江西盛产木材，远在清道光前，就有外帮客商贩运木材扎牌运到镇江，放在镇江鲇鱼套内待售。京畿岭下有地名牌湾，记录的就是这段历史。第二次鸦片战争后，镇江被辟为通商口岸，各路客帮由上江运木材来镇的更加增多，其中江西帮（又称西帮）势力较大，抱团甚紧。近

镇江港的排工

年来西津渡景区加大建设力度，岩壁上的栈桥将观音洞、紫阳洞、铁柱宫及小山楼连成一线，游客们从观音洞处买票入内，从小山楼出，抬眼望，真真是层峦耸翠、飞阁流丹，令人恍若隔世。

行走古街巷陌，检阅故纸黄卷，我们会发现，西津渡先后有过大量的寺庙道观：平等寺、天妃庙、清宁道院、三元宫、关帝庙、云台寺、龙王庙、超岸寺等等。这些寺庙道观虽然多数已毁，但留下了不少遗迹、建筑及地名。如小

都天行宫

超岸寺

码头街都天行宫，供奉的就是"都天菩萨"，又叫"都天大帝"，即唐时张巡。安史之乱时，他以六千之众守睢阳，孤军抗敌，历时11个月，大小400余战，斩敌将300余人，破敌军10余万，最终城破被杀。后唐肃宗下诏为其"立庙睢阳，岁时致祭"，之后历代王朝对他均由封祀，逐渐大登神位。超岸寺原名玉山报恩寺，元至大三年（1310）由江浙行省平章政事孛罗帖木儿创建，清康熙皇帝赐名"超岸寺"，袭用至今。该寺在历史上多有兴废，最近的一次兴废，出现在清咸丰光绪年间。咸丰年间，毁于太平天国战火；光绪年间至民国初年进行了复建。

如今，当我们漫步古街，遥想当年西津渡

口长江江面是何等风高浪急，又对西津
渡的宗教文化有了基本的了解，再回头
去品读昭关石塔前后两道券门上的牌
匾："同登觉路""共度慈航"，理解和
感悟可能就会更深了吧。

同登觉路

◎ 小山楼及大小码头

金陵津渡小山楼，
一宿行人自可愁；
潮落夜江斜月里，
两三星火是瓜洲。

在中国文学史上，唐诗是一座伟大的高峰。在唐诗中，表现羁旅客愁思乡之情的是一个大的门类。而在思乡愁绪的众多诗作中，晚唐诗人张祜的这首七绝《题金陵渡》当是其中经典之作。笔调轻灵细腻，音韵谐和低回，既抒发了羁愁旅意，又描绘出一幅扬子江月色美景，清美之至，宁静之至。

需要说明一下，金陵一般指代南京，但张祜笔下的这个"金陵渡"可不能望文生义地认为是在写南京的某个渡口。唐时润州也称"金陵"，这就像南京也曾被称"丹阳"一样，西津渡因而也有"金陵渡"之称。撇开考据，单说撩起诗人愁绪的江对岸瓜州的那"两三星火"，要是诗人在南京，非有神话人物之"千里眼"恐怕是难以看到的。

张祜出生在清河张氏望族，字承吉，家世显赫，被人称作张公子，有"海内名士"之誉，一生创作颇丰，杜牧曾说："谁人得似张公子，千首诗轻万户侯。"这位才华横溢的诗人一生坎坷，一度声名大噪而终被凡尘埋没，他青年时豪侠游历，中年时宦海沉浮，晚年时隐居丹阳曲阿，与镇江这块土地有着深刻的渊源。

当年的小山楼已不复存在，其具体位置亦不可考，现楼为 2001 年重建，于云台山北半腰，紧贴青壁悬崖，两层建筑，两侧各有亭廊相接，朴素简洁，其风格与沿街建筑相协调。在楼左下墙根处，有一尊张祜铜铸雕塑像，旁立石碑，上有草书《题金陵渡》。登斯楼，北见长江，西眺金山，古街街景尽收眼底。一千多年前的某个夜晚，张公子旅宿于此，久不能寐，推窗眺望长江，看着对岸瓜州的点点灯火，一时间思绪万千愁从中来，继而信手挥毫走笔，留下了这千古名句。不知诗人可曾想到，一千多年后，一个来自荆楚大地的游子，也会一次次来到这里，凭栏而立，无言凝望？

张祜与他的《题金陵渡》

金陵渡

从小码头街到金陵渡鳞次栉比的亭台楼阁

右下角为待渡亭

小码头遗址

张公子再次夜宿，当是要渡船北归的。在塑像前方，就是待渡亭。

关于待渡亭，也有一个在民间流传甚广的故事。说的是某一日乾隆皇帝正坐在龙舟上休憩，忽然江风大作，黑浪如山，龙舟在江上直打圆圈，随风漂流便到了西津渡口，乾隆皇帝登岸到待渡亭休息。这下忙坏了镇江地方官员和大小豪绅，他们一个劲儿地向皇帝献殷勤，害怕皇帝寂寞无聊，拿来了渔具让皇帝钓鱼消

待渡亭

遗。谁知那天乾隆皇帝的运气好得出奇，频频有鱼儿咬钩，收获颇丰，龙颜大悦，对官员们大加赞赏。其实，是官员们在水底做了手脚，他们命人暗中在水下布下了一张大网，网里放了一大群鱼，如此这般鱼儿们自然纷纷咬上乾隆的鱼钩了。

内容当然是老百姓用来讽刺封建官员拍马屁的故事，但历史信息却很真实。如确有待渡亭、乾隆皇帝确是曾于此登陆过西津渡，那么，问题来了：张祜和乾隆皇帝两人登临西津渡是在同一个码头吗？

西津渡因渡而名，可渡在何处？在如今的西津渡广场旁，有一个很大的考古遗址展示区，通过玻璃，我们可以清晰地看到当年码头的模样，这就是镇江人经常说的小码头。保护性展览考古现场，让一座清代码头静静地走进人们的视线：遗迹南北长约 9 米，东西宽约 7 米，通高 4 米，为清代康熙年间始筑，如今被深埋在地下 2 至 6 米，坐南朝北。早期为石木结构，上部为石叠坡台；北端砌石台基，两侧夹以木桩板墙；中部残存木桩平台；下部为石铺踏步。后来，随着江淤上涨，下部石踏步亦逐渐被湮没。码头后期改向上部发展，抬高枯面，又增筑左、右护坡。这一时期相当于清代同治至光绪前期。1900 年前后，该处码头最终被淤填成陆地，江岸又一次向北推移。

在很长一段时间里，不少人都认为镇江只存在过一座渡口，那就是小码头。而其实小码头只存在了 200 年左右历史。清中叶以前，镇江只有大码头这一座渡口码头，清中叶以后，才出现了另一座专供救生、义渡的小码头。为了区别于后来出现的小码头，原来的渡口码头才被称为"大码头"。在清嘉庆年间的《丹徒县

小码头考古现场图

志》上，首次出现大小码头并称的记录。从小码头往西过蒜山，再往前过新河路，前面有一个小小的山头——玉山。

严格地说，玉山大码头才是镇江古代真正意义上的渡口。根据史书记载，大码头至迟在唐敬宗时就出现了。李德裕是中晚唐名相，内制宦官，外平幽燕，定回鹘，平泽潞，有重大政治建树，曾被李商隐誉为"万古之良相"。李德裕因牛李党争而遭排挤，曾三次出任润州刺史和浙西观察使。在润州前后三次任职近十年当中，他励精图治，戒奢立检，改革旧俗，破除迷信，得到镇江人民的爱戴，显示了政治家的才能。新、旧唐书"李德裕传"中，记载了两件发生在西津渡的事：

一件事是徐州王智兴托言给天子祈福，筑

上世纪三四十年代西津古渡义渡码头

坛为人剃度，借此敛财。而根据唐代法律，僧
侣是不用缴纳赋税的，中央财政收入无形中受
到影响。当时镇江也有不少人听到这一消息后，
乘船过江赶去徐州。李德裕闻讯后，坐镇蒜山渡，
予以制止，并上书唐敬宗，唐敬宗随即下诏禁
止此事。

另一件事是安徽亳州和尚诡言水可愈疾，
号曰"圣水"，当时江南很多人得知此事后，也
纷纷乘船赶往亳州。又是李德裕坐镇蒜山渡口，
加以劝阻，同时上书朝廷，使这一闹剧收场。

这里的蒜山渡即西津渡，显然指的是玉山
大码头。尽管在方志上没有记载西津渡出现的
具体时间，但从李德裕的这两件事来看，至少

在唐敬宗时玉山大码头就存在了。更有专家表示，大码头自三国时就存在了，如《开沙志》记载，三国时孙权后人曾由此渡江。《嘉定镇江志》载，刘备当初到京口成亲，在离开京口时，孙权曾在渡口附近送别刘备，后人在此建立需亭，宋代曾对需亭重新修建。

玉山大码头的消失主要也是长江主泓道的变迁，尤其是清中叶长江主泓道北移，大量泥沙淤积南岸，尽管西津渡沿山岩而建，岩基稳固，不怕冲刷，但面对泥沙淤积，仍难逃一劫。很快，大量泥沙就将大码头吞没了。大码头的不断淤塞，使得渡口功能逐渐移向小码头，大码头就

玉山大码头小公园

这样消失在了人们的视线之中。

　　回到刚才的问题，张公子张祜上船无疑是玉山大码头，而乾隆皇帝登临的则多半是小码头了，其时救生会红船名满天下，达官贵人的船多半在小码头登陆。

　　当年悬江壁立的玉山，如

御码头

今已经成了一个不足十米高的小山丘。行走西津渡，玉山大码头是很容易被遗漏的一处，有一条叫新河路的马路将它从景区割裂开来了，近几年玉山得到了休整，建成了一个小型的开放式公园，与超岸寺一起，是值得走走看看的。

蒜山游园

◎ 蒜山的吊古与演义

在曾经相当长的一段时间里，镇江市民或者外地游客参观西津渡，都是从镇江博物馆东"西津渡街"券门下进入小码头街一段。蒜山淹没在密集民房中，经过好一番探寻也未必能见其真容全貌。而近几年来随着建设和修缮，西津渡景区范围在不断扩大，

西津渡街券门

如今游览西津渡，则大多从长江路南西津渡广场进来，蒜山已然成为第一站。

关于蒜山，第一件事要说的是就她的名字。地名志介绍为："蒜山，江边一石，云台山余脉，一名算山，山高24米，岩石暴露无植物。"这个说法越来越不能让人服气，因为这么说它根本就算不上一山，只是一块附属于云台山的石头罢了。当然，这样说法只是在学者考据迷中流行，更多的镇江人都会指着长路边街区门口顶着一个小亭子的小山包对你说："喏，那就是蒜山！"

蒜（算）山名字的两个写法，得名各有由来。蒜山的来历很乡土，是说这里曾经遍布野蒜花，

沿江西津古渡

火烧赤壁（清大魁堂刊本《三国演义》）

《至顺镇江志》中就说的是"山生泽蒜，因以为名"。而算山的得名则显得更加大有来头。说是三国时期周瑜孔明曾会此山，议拒曹氏，不谋而合定下"火烧赤壁"之计，这是三国的一出大戏，为后人津津乐道。演义中更是绘声绘色说二人各自将谋略书于掌心，同时展开相视大笑云云，如历如目。

诸葛亮（清刊大字本
《三国演义》）

周瑜（清刊大字本
《三国演义》）

关于这个桥段，唐人陆龟蒙还写了一首《算
山诗》：

水绕苍山固护来，
当时盘踞实雄才。
周郎计策清宵定，
曹氏楼船白昼灰。

这里面没有孔明先生什么戏份，是周郎定
的计策，这可能更加契合历史本原。当然，史实中的蒜山也是叱咤风云的。东晋末年，孙恩卢循起事，一度十万大军突袭京口，鼓噪登蒜山，朝野震动，急调刘裕所部北府军前来抵御。北府军虽然当时尚驻扎在娄县（今昆山），但接令之后，昼夜兼程赶赴镇江，孙恩军立足未定，北府军却已如神兵天降，大败孙恩，北府军骁勇善战可见一斑。

唐时，武后临朝称帝，唐臣徐敬业、骆宾王聚兵十余万，在扬州兴兵讨伐武则天，骆宾王还写了声动天下的《徐敬业讨武曌檄》。徐敬业花了一个多月的时间方才攻克润州，俘虏了润州刺史李思文和司马刘延嗣，其中李思文还是徐敬业的叔父，但两人仍不负朝廷拒绝投降，这也说明天下思定，反对战乱，武则天临朝是有稳固的社会基础的。战乱很快以徐敬业方的失败而告终，徐敬业与骆宾王等人"轻骑遁监督，悉焚其图籍，携妻子奔润州，潜蒜山下，将入海逃高丽"。

当然，蒜山也是可以很文艺很温婉的。宋代文豪苏东坡跟佛印和尚相交甚厚，他给佛印写的一首诗里就有这样的句子："问我此身何所归，笑作浮休百年宅，蒜山幸有闲田地，招此无家一房客。"看来东坡先生曾打算要在蒜山长久居住。

西津渡一直是南北水上交通枢纽，往来文人亦无可数计，若是找资料掉书袋则就没完没了。前几年，有一本《西津渡诗词选》出版，编选了自南朝至晚清171位古代诗人吟咏西津渡的诗歌258首，其中关乎蒜山的随处可见。

如今，蒜山已成为一个小小的游园，是2004年作为西津渡历史街区保护工程的一部分而整理修建。山顶处建有"算亭"，说的仍然是周郎孔明定计火烧赤壁的故事，不过山体小但

二翁亭

砖雕画

险峻，游人是不能登临山顶的。游园西边游廊
入口，建有一座半亭，曰"二翁亭"，说的是宋
时金山寺僧在蒜山顶建亭，丹阳前后两任太守

京红亭

林子中、杨杰首登,杨杰作《蒜山二翁亭》诗一首。在二翁亭的旁边有一幅很大的砖雕画,是明时日本著名画家、高僧雪舟的《大唐扬子江心金山龙游禅寺之图》的部分画面。明宪宗成化四年(1468),雪舟游历中国期间到过镇江,并画下了当时金山四面临江的胜境。

移步往前,沿青砖小道绕山而行,及至东麓,可见一方亭——"京江亭",亭侧池畔,婷婷而立一白玉雕塑,她就是唐朝润州才女杜秋娘。

在唐乐府中,有一曲《金缕衣》,非常出名,有道是:

杜秋娘塑像

杜秋娘

劝君莫惜金缕衣，劝君惜取少年时。

花开堪折直须折，莫待无花空折枝。

这首诗的作者，一说便是这杜秋娘，反对者以无名氏冠之。但至少，这首诗当是因杜秋娘而名动天下流传至今。杜秋娘出身微贱却能歌善舞，美慧无双。有多美呢，杜牧《杜秋娘诗》里是这样说的：京江水清滑，生女白如脂；其间杜秋者，不劳朱粉施。通俗地说，就是镇江好水养出的一个天然出水芙蓉。

15 岁时，杜秋娘被镇海节度使、润州刺史李锜买入府中充作歌舞姬，传说人小心高的杜秋娘自写自谱了这曲《金缕衣》。在一次家宴上，深情款款，唱与李锜听。李锜大为欣赏，收为侍妾。唐宪宗即位，着力扭转藩镇割据形势，采取强制手段削减节度使的权力。身为节度使的李锜大为不满，举兵反叛，结果兵败被杀。杜秋娘作为罪臣家眷被籍没入宫，仍充当歌舞姬。又是这首《金缕衣》，让年轻气盛的唐宪宗也相中了这位明艳雅洁、才情出众的杜秋娘，封为秋妃。

成为秋妃的杜秋娘深受宪宗的宠爱，她不

仅与宪宗同享人间欢乐，而且不着痕迹参与了
一些军国大事。据说当国家逐渐平定昌盛之后，
宰相李吉甫曾劝唐宪宗选天下美女充实后宫，
唐宪宗却说："我有一秋妃足矣"，可见秋娘在
宪宗心中的位置。

　　元和十五年，唐宪宗驾崩中和殿，年仅 43
岁。有人说宪宗是服食长生不死金丹中毒而亡，
也有人说是内常侍陈弘志蓄意谋弑。这极有可
能，和很多王朝一样，唐后期也是宦官专权，
操纵皇室、皇帝跟换马灯似的。随后的穆宗李

恒、敬宗李湛、文宗李昂等都是稀里糊涂地登基，干不了几年又莫名其妙地死去。在前朝后宫扑朔迷离的争斗中，杜秋娘最终也受到牵连，被削籍为民，放归故乡。

历史或曰诡诈，或曰神秘，后人何以知晓曾经的风云变幻？"唐室无辜遗才女，京江千载念斯人"，这是京江亭上的一副对联，挂在杜秋娘塑像眼前，仿佛在静静地叙述着一个美丽而凄婉的故事。

◎ 记伯先公园

由西津渡街券门向南，有一条蜿蜒的马路名曰"伯先路"，沿路往南走不多远，便可见到一开放式公园——伯先公园，园名题字为国母宋庆龄。无论是"路"还是"公园"，都在以"名"

伯先公园正门

大港伯先故居

纪念一位辛亥革命先驱——赵声。

赵声，字伯先，镇江大港人，出身书香门第，其父蓉曾公屡试不中，绝意功名，在家设馆"天香阁"，教书育人，为乡里所推重。著名画家、抽象派大师赵无极的祖父赵绍甫就曾在此受教，与赵声为同窗好友。

大港赵氏是宋太祖之后裔。靖康之难，太祖七世孙赵子褫南渡，并没有随南外宗迁往大后方泉州，他不愿偏安，称病婉拒高宗对他的官诰，从金陵到镇江，卜居于抗金的前线基地大港，死后面北葬于江边荞麦山，是为"赵氏佳城",至今仍存。

赵声在三兄弟中居长,自幼习武,有两臂神力,14岁就曾上演过一出令"一时乡人皆惊"的劫狱事件,为穷苦百姓打抱不平。17岁中秀才,但他志不在科举,考入南京的水师学堂,后自请退学,机缘巧合免试得以进入南京陆师学堂学习,正是在这里,赵声开始接受自由民主思

赵绍甫与赵声

赵氏佳城

想，接触到不少革命志士，亦渐渐不容于清廷。26 岁时，赵声担任新军第九镇三十三标标统，积极发展革命势力，被两江总督端方免职。他离开南京后，远走广州，两广总督周馥闻其才名，任为新军标统，由于其慷慨仗义，爱惜部卒，在广东军界广受爱戴，威望甚高。

1910 年 11 月 13 日，孙中山在马来半岛的槟榔屿召集赵声、黄兴、胡汉民、邓泽如等中

七十二烈士之墓

国同盟会重要骨干举行会议，决定在广州起义。1911 年 4 月 23 日，起义组织者在两广总督署附近的越华街小东营五号设立起义总指挥部，赵声任总指挥（留守香港），黄兴任副总指挥。4月 27 日下午，黄兴首先发难，率队攻入总督衙门。由于清朝部队人数众多，起义队伍得不到接应，各路队伍虽与清军展开激烈巷战，但都先后失败。赵声、胡汉民率队 30 日凌晨抵达广州城外，但大势已去。事后，同盟会会员潘达微多方设法收殓烈士遗骸 72 具，合葬于城东黄花岗，史称"黄花岗七十二烈士"。

广州起义失败，赵声急痛攻心，痼疾大发，不久在香港病逝，年仅 31 岁。初葬香港茄菲公园之侧，立碑"天香阁主人之墓"。1912 年，孙中山就任临时大总统，追赠赵声为"上将军"，赵声胞弟赵光（字翊三）等奉临时大总统令，将烈士灵榇迎送回镇江，安葬于南郊竹林寺，一代天骄回归故里。

了解了赵声的历史功绩，自然就能理解镇江对这位游子的格外深情。其大港故居"天香阁"得到妥善保护，已为省级文保单位；其南郊陵墓也得到很好的修缮，庄严肃穆。而最为人熟

伯先公园内景

知的则是这伯先路与伯先公园了。

伯先公园的建立，与老同盟会会员、乡贤冷遹先生密不可分。1924年，冷遹倡议筹建公园以表故乡民众对赵声的缅怀和纪念，得到了社会各界的热烈赞同和响应。冷遹约请张鹏、卢润州、包允恭、姚佛岩等人参与筹建工作，并由他出面向镇江、上海有关人士、团体募捐。上海金融界中与镇江有渊源的人士如胡笔江、

马石中、严惠宇和一些同盟会员、革命党人、赵声战友以及当时国民革命军的许多军官都有捐赠。另外，还有一笔特殊的款项。1925年，北洋军阀张宗昌南犯江苏前夕，派员到江苏各地强征款项，以充军饷。镇江也筹集了一笔为数不少的款子。张宗昌到江苏后，得知镇江是他当年老上司冷遹的家乡，而豁免了镇江地方的纳款，有关方面即经公议把这笔款子移作建园费用。

公园建在何处呢？曾任过云台山上玉英贫儿院院长、日本留学生姚佛岩作了重要建议。他说："云台山后山临江，前面开阔；又在市区，交通便利；加之义冢荒山，征用土地手续简易，建园于此，最为合适。"冷遹实地勘察后很满意，遂决定在此建园，聘请园林专家陈植，主持伯先公园的设计工作。1926年2月伯先公园开工建设，1931年6月竣工。

陈植，字养材，是我国杰出的造园学家和现代造园学的奠基人，与陈俊愉、陈从周一起并称为"中国园林三陈"，编写的

《造园学概论》是中国近代最早的一部造园学专著，奠定了中国造园学的基础。他于1925年写成《赵声公园设计书》和《赵声公园设计图》，"建筑物当注意与公园环境之调和；因地势关系除花坛外，其他一切布置应趋自然式，而避建筑式；一切设计当注意朴实，俾与森林之景无异，他日城市山林，当颇适于市民避嚣也。"整个公园依山而造，半用人工，半恃天然，整个圆形如一把巨型的太师椅。顺其自然、关注生态环境、重视公园在城市中的功能，正是这些先进的园林设计理念，使伯先公园历经80年仍然青春焕发。

走进伯先公园的大门，首先映入眼帘的便是那高达2.8米的赵伯先铜像，铜像四周雪松、云杉、桂花等常绿乔木环绕，庄严肃穆。伯先铜像后是荷花池假山群，树木葱茏，荷花池周叠湖石、筑假山，池中有喷泉、游鱼，近年来维护乏力，有些寥落，但仍可在错落有致中感受自然之美，确是园林假山之精品。

拾阶至半山，即可到"五卅演讲厅"。1925年5月30日，上海发生"五卅"惨案，为此镇江民众迅速掀起反帝爱国风暴。为纪念镇江人

赵伯先塑像

民爱国壮举，经社会各界协商，用对藏有日货、英货的奸商之罚款建成此厅。山顶处是伯先祠，始建于 1931 年，建祠前山顶原有小型财神庙，后将财神庙拆除建立祠堂。十年浩劫中被毁，现祠为 2007 年重建。

寻常巷陌奈君何，忍唱尊前青兕歌。
海岛田横心自壮，天门陶侃翼空摩。
千秋北府兵无敌，一水南徐夜有波。
何日黄龙奠杯酒，髑髅饮器发横拖。

站在手持望远镜，身佩指挥刀，一身戎装气宇轩昂的赵伯先铜像前，重读柳亚子这首《哭赵伯先》，带着你回到那硝烟纷飞的年代，赵声飒爽英姿，正率领千军万马，冲锋陷阵……

镇江"五卅"演讲厅

◎ 绍宗藏书楼

和西津渡街区一样，伯先公园也是开放式的，每天到这里锻炼的镇江市民、到这里游玩的外地游客络绎不绝，相对于伯先铜像、五卅

绍宗国学藏
书楼近景

纪念厅、伯先祠等建筑，尤其是新修的巍峨的云台阁，有一处所在往往被有意无意地忽视——绍宗藏书楼。

进入伯先公园，拾阶而上，沿左边台阶移步到半山腰，道路左侧有一个空空的平地，左转进入这块平地走到尽头，会看到一个在树林和杂草中向上延伸的台阶，台阶的顶端是紧锁的铁门，锁住的是一幢欧式风格的两层小楼，院子里晾晒的衣物告诉人们，这里还并没有被完全废弃。显示这座建筑身份的是楼门前的题刻——"绍宗国学藏书楼，民国二十二年三月建立"。

绍宗国学藏书楼

绍者，连续、继承也。宗，则是清朝七大皇家藏书阁之一的文宗阁。顾名思义，绍宗此楼所传承延续的正是文宗阁之文脉。

这一看起来有些寥落的小建筑，是近现代镇江文脉传承的重要见证，在那战火纷飞的岁月里，是它的屹立昭示这座城市里的人们对书卷的敬畏和对历史的尊重。

因为文宗阁，镇江在中国藏书史上有着独特的重要地位。文宗阁原位于金山寺旁，创建于清乾隆四十四年（1779），曾收藏铜活字本《古今图书集成》和手写本《四库全书》等经典古籍，文宗阁既因为其皇家藏书楼的身份傲立于世，也因为其名"宗"在七阁中唯一不带水部，而被历代研究者殚精竭虑津津乐道。然而，和众多古代藏书楼命运多舛一样，清咸丰三年（1853），太平军攻入镇江，一把大火将文宗阁烧了个精光，众多珍贵藏书随之葬身火海，成为中国古代藏书史上的一大憾事。

文宗阁存世前后不到75年，被毁于兵燹之后，镇江众多仁人志士都有重建文宗阁的心愿，但一直未果。直到上世纪30年代初，乡贤吴寄尘慨然以恢复文宗阁为己任，并付诸行动，在云台山上辟了块平地，建起了绍宗楼，以抒发自己继承和恢复文宗阁的志愿。吴寄尘、冷御秋、丁传科、柳诒徵、尹石公、陆小波、严惠宇等一大批名儒乡贤也都积极投入到绍宗楼的建设、管理和维护中。

吴寄尘做过清末大实业家南通张謇的助手，先后担任过南通大生纱厂经理和南通大生纱厂驻上海办事处主任。他拿出手中积蓄，承担了主楼建筑经费的大半，不足部分由冷御秋、丁传科、赵蜀琴三人分担。丁传科还捐款14000元，另赠大丰垦田2000亩，以其年息作为藏书楼的常年经费。绍宗国学藏书楼对外开放后，吴寄尘突然病故，遂由冷御秋、柳诒徵、尹石公共同负责藏书楼事务，出任藏书楼管理委员会的常务委员。委员则由胡笔江、唐寿民、陈光甫、吴蕴斋、吴言钦、严惠宇、包允恭等社会名流担任，共同承担藏书楼日常的经费开支。

绍宗楼的藏书主要来自捐赠。藏书楼落成后，吴寄尘将自己藏书室"味秋轩"中的两万余册藏书全都捐出。1937年抗日战争爆发，日军占领镇江，绍宗楼数万册古籍散失殆尽。抗战胜利后，云台山又成为国民党驻军之地，绍

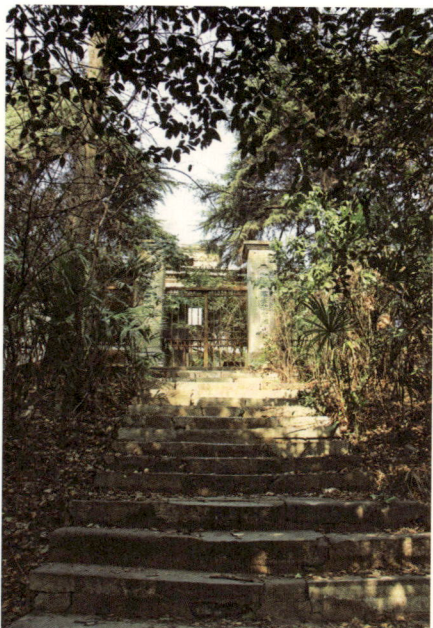

绍宗楼远景

宗楼亦不得其用。解放初，在柳诒徵的倡导下，
绍宗国学藏书楼恢复藏书功能，严惠宇、陆小波、
柳诒徵、赵汉生等乡贤名流都纷纷为绍宗楼募
集和捐献藏品。近代著名藏书家、学者丁传靖
去世后，其子丁蘧卿将父亲的 40 多箱图书捐给
了绍宗楼，后来又将丁传靖在天津的藏书用了
103 个书箱装运，送入此楼中。经过众多有识
之士的不懈努力，绍宗楼的元气逐渐得到恢复，

藏书最多时古籍达9万余册。

历史有许多意外和巧合的瞬间，而这些瞬间又往往蕴含了深刻的必然，文脉因此得以传承。2003年，基于古籍保存难度等多方面因素的考虑，绍宗楼86000余册藏书被全部移至镇江市图书馆。绍宗楼藏书移入镇江市图书馆后，工作人员照例对古籍进行常规的整理修复，这个日常的工作却带来一个意外的惊喜：在一本《两淮盐法志》中，竟然有很多学者苦寻多年都没有找到的当年文宗阁的建阁草图，由高棨绘图，为实景写真，与现存文献中对文宗阁的文字描写高度相符！

文宗阁图出现在《两淮盐法志》中并不足

文宗阁全景图（嘉庆刊本《两淮盐法志》）

新建后的文宗阁

为奇。据史料记载，文宗阁是由两淮盐政出资
兴建，在南三阁中最早建成，式样与扬州的文
汇阁、杭州的文澜阁以及北四阁类似。阁建成
后，两淮盐政及两淮盐运使主管文汇、文宗两阁，
经费开支亦由其提供。典书官由两淮盐政提名，
奏请清廷谕准后出任，并委派诚实可信、有相
当学养的绅士负责校理、借阅等相关工作。

　　这幅文宗阁建阁草图的发现意义重大，多
少年来，镇江复建文宗阁的提议从未停止，却
终因为选址、规制等因素而停滞不前，正是这

幅草图让这个夙愿走向了现实。2009年，镇江市委、市政府决定复建文宗阁，新阁基本遵循了历史原貌，恢弘华丽，复建工程从2010年3月开工，建筑总面积1286平方米，总投资2000余万元，历时一年多时间，于次年10月开阁，并新购《四库全书》入藏，迎接五湖四海的读书人前来参观拜谒、查阅治学。

文宗阁无疑是一个传奇，从太平军那一把

大火燃起，到新阁落成写就盛世佳话，此间已是相去 158 年！而不能遗忘的是，这其中的 70 多年，是绍宗楼充当了一个坚实的纽带，连接起几代镇江人关于书香的自豪与推崇。当璀璨的新文宗阁接受研究者的检视和读书人的追捧时，绍宗国学藏书楼已是一座空楼，淹没在杂草、丛林之中，默默静守。

◎ 镇江博物馆

当你来到镇江博物馆，接待人员会热情地开始介绍："这里原为英国领事馆，第二次鸦片战争期间，清政府与英国签订《中英天津条约》，镇江辟为通商口岸。1864年英国开始在云台山上建筑领事馆……"

这样的介绍词让人刹那间有些恍然，那些历史教科书和考卷上无数次复述和填写的情节在现实世界里活跃起来：一艘艘战舰，停在不远处的江中，战舰上万炮齐

英国领事馆

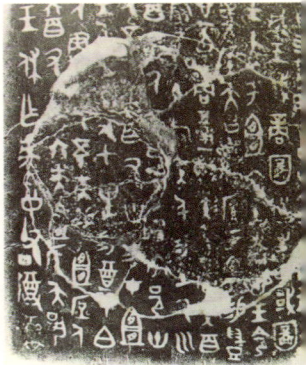

宜侯夨簋　　　　　　　　　　宜侯夨簋铭文

发，镇江城一时间浓烟滚滚；而后，一群金发碧眼的外族扛着一支支火枪，耀武扬威地走在镇江的大街小巷……咸丰十一年（1861），英国参赞巴夏礼与镇江地方官员签订租地批约，设立英租界。我突然产生疑问，英人何以如此重视镇江？这个让我产生浓厚归属感的城市，究竟有着怎样的不朽传奇？

让我们从出土的文物开始说起。

1954年，在镇江东部大港烟墩山上一个大型土墩墓里，出土了一批西周前期的鼎、簋、盘、盂等青铜器，其中最为重要的便是宜侯夨簋，簋内有铭文126字，可以辨认的有118字，铭文记载了宜侯夨受封的情况，宜侯为感谢王的恩惠做了此宝器，其铭文是中国记载周初封建诸侯史迹的唯一历史文献。宜国为姬姓周人所封，封地在镇江大港沿江地带，"宜"也就成为镇江有文字依据的最早地名。据说这些青铜器最初是绍隆寺一个叫福贵的老和尚发现的，当时他还俗在家，在村长聂长保家做事，他在一块坡地上翻土时掘出了一批青铜器，引发村民的围观，纷纷议论是不是金器。聂长保的儿子为了检验质地，随便捡出了一件，一锄头打得粉碎，打碎的恰恰就是这批青铜器中唯一有铭文的"宜侯夨簋"。后经专家重新修复成器，藏于中国国家博物馆。

自"宜"之后，镇江春秋时名"朱方"，楚灭越后名"谷阳"，秦时建"丹徒"，三国孙权迁治"京口"，南朝称"南徐"，隋开皇年间置"润州"，宋时升润州为镇江府，此为镇江行政建制得名之始。把这些名称一字排开，就足可写就一部镇江简略通史了。

历史的悠久从来就不能代表国力的强盛，侵略者的坚船利炮轰开了腐朽的清王朝关闭已久的国门。第二次鸦片战争后，镇江被辟为通商口岸，"国中之国"租界建立后，因为各种摩擦而产生民族对立情绪不断积压、爆发，镇江人民的反帝斗争从未停止，光绪十五年（1889）

正月初六就有过一次惊天动地的大爆发——火烧领事馆。

　　事件的起因是一位被叫做康麻子的小贩在租界大马路摆摊，巡捕不准，挪让稍慢即被痛殴。更过分的是，这位巡捕用脚猛踢康麻子下体，致使其当场晕倒，这还不算，巡捕一边骂他装死一边还将他拖至华界。围观人群越聚越多，秀才徐静仁怒不可支一声高呼，顿时应者数千，人如潮涌，喊打如雷，追打巡铺，砸毁巡捕房。这时，英领事赶紧请清朝衙门派兵前来弹压，没想到这更加激怒了群众，前来镇压的兵勇被

《伦敦画报》报道的"火烧洋楼"事件

113

FAREWELL BANQUET AT ZANZIBAR TO MR. GEORGE MACKENZIE, DIRECTOR OF THE IMPERIAL BRITISH EAST AFRICAN COMPANY

THE RIOTS AT CHINKIANG, CHINA

Early in February last, a terrible riot occurred at Chinkiang, a portion of the Yangtze River. For some time past it appears that had blood has existed between the Sikh Police who are employed by the Municipal Council of the Foreign Concession, and are nicknamed by the populace "Red Heads," on account of their red turbans, and the inhabitants of the native city. Some of these policemen were accused of illtreating a man who is variously described as a street-beggar and an interpreter employed at the American consulate. The man fell down as if dead, but on being tramped by a doctor and a police inspector was pronounced to be shamming. However, the mob declared that he had been killed, and at once commenced a furious attack on the constables who were within find for their lives; whereupon the infuriated crowd proceeded on, and pulled

the building to pieces, scarcely leaving one stone upon another. Then, after smashing the windows of the houses of some Members of the Municipal Council (the occupants having all escaped), the mob turned towards the British Consulate, which as on a bluff overlooking the Settlement. The Consul, Mr. Mansfield, his wife, and two young children, had barely time to fly, when the building was in flames, the rioters piling up inflammable stuff all round it. Everything was destroyed, the building and its contents being reduced to a heap of ashes. The American Consulate was next attacked, but as it was surrounded by Chinese houses it was not set on fire. It was, however, stripped of everything moveable. The local authorities seem to have behaved with great apathy, for they sent only a few unarmed soldiers to quell the riot, and these men are said to have sympathised with the mob, and joined in the work of destruction. By this time the disturbance had

reached enormous proportions; private houses, chapels, and warehouses being set on fire. Meanwhile the foreign residents, among whom were a dozen ladies and some twenty children, fled for their lives. They were hotly pursued by the mob, but managed to get on board a foreign hulk lying in the river, and from thence were transferred to a foreign steamer, which had opportunely arrived. All this occurred on February 6th. Assistance shortly arrived; H.M.S. *Mclive* had been telegraphed for from Shanghai, but before she came to the ladies and children had been transferred in a Chinese steamer to that city. The authorities now poured troops into Chinkiang, and order was soon restored. We may mention that the town was full of famine-refugees, but they are not supposed to have had any share in the riots. Indeed, Mr. Mansfield had been most active in enlisting funds and distributing relief—our engraving is from a sketch by Mr. Charles W. Mason, of the Custom House, Chinkiang.

伦敦画报火烧洋楼

老百姓打得如鼠逃窜。随后响起的枪声，更是
火上浇油，愤怒的群众把领事馆及毗连的利商
公栈等建筑一把火点燃，火势大起，延绵到浸
会堂、福音堂等地，英领事一干人仓皇从云台
山取径逃上了江边太古码头的趸船上。

大火两日方熄，直到第三日还有千余人涌
至太古码头，向江船投掷石块瓦片，一时间外
国人纷纷躲藏或乘船逃去上海。后来这一事件
被艺人做了一首《火烧洋楼小唱》，在民间流传：

光绪乙丑好不风光，正月呀初五，锣鼓那
个宣扬；大家的小户，热闹呀风光。正月的初
六，洋人猖狂，领了多少红头，打坏了人家行商，
上身一足，下身受伤。众百姓不服，孙大老爷
作慌，带了那个兵勇，去护他的洋房。马路上
抓人，众百姓遭殃，不问那青白，抓他到洋房，
哎，先烧三层，后烧大英、大美领事馆的衙门，
一烧净大光！

当然，回到清廷层面，英人还是换回了颜
面的，不仅迫使清廷调兵控制了局势，还赔款
重修了领事馆署。现在博物馆老馆就是重修后

镇江博物馆

的英国领事馆，其主楼墙上还嵌着"1890"字样，记录的正是这样一段轰轰烈烈而又伴随着屈辱和伤痛的历史。

1927年，北伐战争胜利推进，国民政府相继收回了汉口、九江等地的租界。是年3月，镇江商会会长陆小波以英领事怀雅特公函为凭，率领商团团丁100余人开进租界，接收工部局，存在 66 年的镇江"国中之国"名存实亡。1929 年 11 月 15 日，在镇江人民实际收回租界两年之后，中英双方又煞有其事举行了一个正式的租界移交仪式。

如今的镇江街头，到处可以看到不同肤色的人在来回行走，不过这一次他们见了红灯一定会停下来，犯了错误也一定会被警察叔叔逮起来；他们中有来当老板的，也有来打工的；有来教英语的，也有来学汉语的；云台山下这座保存完好的西式建筑里也来过很多英国人，不过他们只是游客——1933 年 10 月，镇江人赵启骁将领事馆地产买下，新中国成立后，赵氏后人将产权转交镇江博物馆作为馆舍。英国

镇江博物馆

领事馆早已只是个历史符号，作为一种文化元素，与3万多件珍贵文物一起向中外游客展示镇江的历史与文化。

2002年，镇江市政府投资3000多万元，将博物馆按英国式园林风格进行了整体改造，新建了5000多平方米的新展厅，并将老馆区五幢建筑原貌修缮。在新博物馆大门的东侧前，建有一组大型彩色雕塑群，名叫"强吴雄风"，四座人物石雕围住一根石柱，石柱的顶上安置了一只巨大的簋，此簋即为"宜侯夨簋"，四座石雕人物则分别代表祀、戎、耕、织，表现的是2000多年前镇江先民们围绕在宜侯夨簋之下祭祀祖先时情景。将此簋高擎于石柱之上向天而祭，也是在昭示此地为"宜"吧。

位于镇江博物馆的"强吴雄风"雕塑群

◎ "殖民时代"的那些"洋楼"

在西津渡，随处可见的历史遗存和连绵成片的明清建筑无疑也会带你穿越时空。但西津渡不只是如此，从待渡亭登小码头街，走过青石板路，往东行至五十三坡，左右而顾，山上山下，眼前是一片带有浓郁西洋色彩的建筑群，这一片百年老建筑带给你的是怎样的惊讶和惊喜呢？

五十三坡

上世纪初的江
边大马路

　　要解读这片西洋建筑群，就必然要触碰到
一段伴随着伤痛和屈辱的历史。时光回溯到 19
世纪中叶，那时大运河是唯一贯通南北的内陆
通道，而长江则是横贯东西的大动脉，镇江正
处于长江与运河交会之处，在没有火车、飞机
等各种现代交通工具的时代，镇江十字交会的
战略地位自然被各方看中。第二次鸦片战争后，
镇江被辟为第一批内陆通商口岸。咸丰十一年
（1861）2 月，英国参赞巴夏礼一行自上海抵镇，
与常镇道清骧、镇江知府师荣光等会商划建租
界及通商等事宜，城外银山门一带则被划作英
租界区域。很快，在租界及沿江地带呈现出带
有殖民性质的畸形经济繁荣，外侨人数最多时
达 2000 多人，一时洋行林立，洋楼栉比，"银
山上下，滨江一带，遂成洋市"。

　　镇江开埠之初，领事馆署、关署及税务司

英国领馆

公馆未来得及建，办公地点暂设在江中焦山，出入多有不便。1864年，英国领事馆署竣工，次年又建成海关关署及税务司公馆等办公关署。身处云台山腰的英国领事馆如今已辟为镇江博

英国领事馆

工部局

物馆馆舍，而五十三坡下喷泉旁最引人注目的就是工部局，建于光绪十六年（1890）。

工部局，听上去像是搞工程的，其实按英文原意，应译作"英国市政委员会"，是英租界内最高行政管理机构，内设警务、火政、工务、卫生、教育、财务、华文等处，统辖租界内一切行政、司法、交通大权，负责租界区域内的税收、治安、建筑、消防及公共设施等，还自定各种规章制度，不受中国任何法律的约束，俨然一个独立于中国统治权之外的小型政府。特别是警务处下辖的巡捕房，英国人招聘的印度巡捕手持警棍枪支巡逻，动辄殴打中国行人，或非法拘留或随意罚款，更是令人无比憎恨。

工部局鸟瞰

英印巡捕的种种暴行多次激起了镇江人民的反抗怒潮，之前说到的火烧领事馆就是其中之一。

工部局是一幢三层西式楼房，整个建筑呈长方"凹"字形，楼隔层用红砖砌成二道腰檐。朝南立面为二三层，有券廊，而东西北三面则有窗无廊。在东、西立面墙北端，各砌筑突出的方形三层小楼。此楼历经百余年，保存非常完整。

镇江既成通商口岸，即有进出国境之管理，因此清政府也在镇江设立了海关，工部局身后不远处的税务司公馆旧址记录的便是这段历史。镇江海关税务司,以常镇道海兵备道监督关务,由英国人总税务司赫德选派洋员帮办进行收税。其时镇江关管辖范围甚广,东至南通狼山,西至江宁一带,在长江两岸分设有 4 个卡口,查验票照。1865 年,镇江海关迁到江边运河口新址办公,在建造海关关署的同时,英国人在租界内建造了这座税务司公馆。

税务司职责原为帮办税务,形式上也是中国政府任命的海关监督与总税务司任命的外籍税务司共同管理。但实际上,各关监督对税务大多无权过问,税务司凌驾于海关之上,成为海关的真正主管,操纵着中国海关管理权:进出口税率高低,均由税务司说了算;海关税务

镇江海关

司的违法和渎职，由道台和英、美、法三国领事组成的混合法庭调查处理；税务司署附属机构全体华洋人员，在处理海关事务时，也必须对混合法庭负责等。英国人把持的海关税务司，无形中攫取了我国通商大门的钥匙，成为帝国主义进行经济侵略、掠夺的重要工具。在其管理下，洋货自由进出，通行无阻，其中最臭名昭著的无疑就是以"洋药"之名向中国大量输进鸦片了，掠夺中国财富，伤害国人身体。

与此同时，跟随着洋枪洋炮，外国资本也开始大量进入中国。租界建立后，镇江开始出现各种洋行。最先是航运类企业，1862年，旗昌轮船公司在上海成立，第二年便在镇江设立了分支机构。英商麦道轮船公司、德商美最时轮船公司、法商东方轮船公司以及日本的日清公司等也都在镇江设立了分公司。根据光绪二十九年（1903）的镇江海关报告，共计有11个国家的轮船往来镇江贸易，在长江航线上"通商各国船只之多，固以上海为巨擘，其次当以镇江为最"。

到19世纪末，以专门经营和倾销煤油的美孚石油公司、英商德士古火油公司、英商亚细

德士古

现民间艺术馆

亚火油公司等也都纷纷在镇江设立分公司。其中较早的是美孚石油公司，于光绪二十年（1894）在上海设立总公司，很快就在镇江设立了支公司。美孚洋行旧址在西津渡旁迎江路，解放后曾作为市工人文化宫，在荷花塘还曾建有一个可容纳130万加仑的大油池。

紧接着，英商亚细亚火油公司和德士古火油公司也竞相进入镇江。在税务司公馆西南方，还有一栋相同风格的建筑，就是德士古火油公司。美式二层楼房，坐西朝东，砖木结构，底层墙面呈青砖间夹红砖装饰，二层用红砖砌成。朝东前沿墙上下有廊，中有大门，迎面南侧有梯登楼。二层中部有红砖叠涩腰檐，门窗上部均为券顶，整座楼合计上下共8间。德士古火油公司原本在长江路，道路拓宽时被拆，但整个建筑被完整保存，所有构件都作了标记，在西津渡老码头文化园建设时恢复了它的旧貌。

亚细亚火油公司旧址非常明显，靠近长江路西津渡停车场，现为镇江民间文化艺术馆。亚细亚火油公司属英荷壳牌石油公司，是当时世界上第二大石油垄断组织，光绪三十三年（1907）在上海成立机构，次年成立镇江支公司。

先由油轮将石油从上海运到镇江中转，然后转售大江南北。旧址建筑为砖木结构，二层西式楼房，正面北向迎江，内有地下油库。镇江民间文化艺术馆二楼有"《白蛇传》民间艺术美术展""镇江民间艺术精品展""镇江民间文艺资料库"等，集中展示了镇江近百位民间艺术家手工制作的近千件精湛的民间艺术品，非常值得一看。

莫回首，回首已百年。这些曾经作为殖民地的伤痕印迹，如今也渐渐沉淀为一种租界文化，与古渡文化一起和谐统一在这一片古街区里，迎接中外游客。

亚细亚公司

◎ 云台山下几幢民国建筑

中国的近代史是沉重的，带着血和泪。但无论我们如何痛骂当年清政府腐朽无能，也无法抹去那段被侵略被奴役的历史；与此同时，我们也无法否认与西洋枪炮一起进入中国的西方文明对中华传统文化的冲击与促进，当然，还有一代代中国人为民族自强自立而作出的不懈努力。

清代老火车站前京畿岭

伯先路广肇公所

　　如今的西津渡，伯先路与京畿路既是东面南面的边界线，也是两条历史人文气息十分浓厚的道路，文化遗存遍布，尤其是一大批保存完好的清末民初的建筑，让我们在建筑形制上感知中西文化碰撞的同时，深深地感受那样一个伴随着屈辱和痛苦的时代，以及在那样的历史阵痛中我们的先人们努力前进的步伐。各栋二三简介如次，权当立此存照吧。

　　从博物馆出来，抬眼即可看到一栋有高大砖雕门楼的传统建筑，门额上书："广肇公所"。观名思意，即可知此为广州肇庆两地客商的会馆。公所坐东向西,有房屋10多间,门楼横额上"广肇公所"四个字为前护川都督陈燏书,门饰上刻有"五福盘寿"、琴棋书画、樵渔耕读以及福禄寿三星等图案。原址在运粮河旁,现址于光绪三十三年(1907)由广州肇庆两府的旅镇客商合力出资,由卓翼堂主持重建。

当然可以说说广肇公所繁复的排山结构、精雕细刻的砖雕等等,但其实最让人津津乐道的是孙中山先生第二次来镇江时,专程到这里发表过演讲。1912年1月1日,孙中山从沪赴宁就任中华民国临时大总统途中经过镇江,在西门火车站内发表了热情洋溢的讲话。当年10月,孙中山辞去临时大总统后率军舰路过镇江,巡视沿江港口,并应邀上岸到广肇公所进行演讲,会场座无虚席,听众情绪极为热烈,传为一时之美谈。

镇江商会就在广肇公所的斜对面不远,初名"镇江商务事务所"。商会1903年筹建,1905年成立,初赁龙王巷内钱业公所出租之市房为会所。此建筑于1929年建,正门朝南,在迎街的东面又另开一门。整个建筑呈长方形,青砖叠砌,南面门楼为西式墙面,砌8个方形砖柱，中部大门上凸起，砖砌券形门洞上呈逐层向内凹的圈带状装饰，券底落在圆白石柱上、门上嵌石横额，上刻"镇江商会"四大字为于右任题，前后三进，建筑形制风格中西结合的痕迹非常明显。今为镇江市工商联合会办公处所，也挂着镇江商会的牌子。

镇江商会

重新装饰过的蒋怀仁诊所

移步往前不远就是蒋怀仁诊所，三层楼西洋式建筑，坐西朝东，雕花门楼，大理石栏。这个诊所是镇江第一个由中国人建成的西医医院，主人蒋怀仁，祖籍宁波，原为内地会医院医师，后独立开诊所，于光绪三十三年（1907）建成这座医院。院后依云台山建有私人别墅花园。这个地方也是当时"宁波同乡会会馆"所在地，蒋介石、蒋经国父子来镇江时曾多次下榻此地。据传，蒋介石在焦山向宋美龄求婚，在上海举办结婚典礼，到镇江度"蜜月"时也下榻于此。

再往前就是屠家骅公馆，解放前又叫江南饭店。三层楼西式建筑，是由民国时期苏、浙、皖邮务管理邮务长屠家骅出资建造。屠家骅，字楚材，他出身镇江一个马路工人家庭，家境清贫，从小发奋读书，中学时考入上海一家教会学校，清宣统元年（1909）考入大清邮政。入局后，初任一般供事，后因英文较好及工作成绩突出，直升至邮务官，先后在镇江、上海、湖南、陕西、蒙古等邮区工作过，历任副邮务长，协理邮务长等职务，先后获得八等、七等嘉禾奖章。他的辉煌历史是在库伦（今蒙古国首都乌兰巴托）邮局任局长时，适逢俄国十月革命，在兵荒马乱之际，他将邮局公款事先妥善转移至一外国使馆内，使国家未受损失，他自己则历尽艰辛辗转逃至张家口，才得以保全性命。

屠家烨公馆

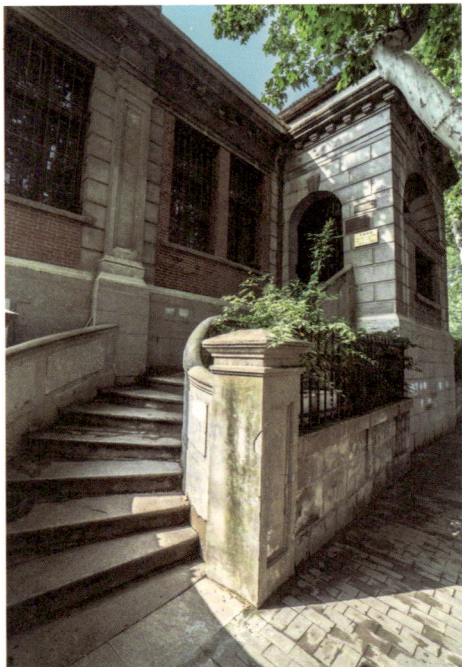

邮局

　　1935年，屠家骅升任苏皖浙邮务管理局邮务长。回到镇江后，因在招考邮务佐时涉嫌由其亲属出售试卷，被交通部劝令告退。他提前退职领到了数万元养老金，造了这座楼房。建好后在此经营旅馆业，取名江南饭店，他本人则跻身于绅商行列，过起了寓公生活。后因生活拮据，将该房租给别人，改作金山饭店，是旧时镇江著名的娱乐场所。

镇江邮政事业发展极早，三国时即遍设烽燧，至唐驿站已具相当规模。近代邮政创始也在全国领先，最早都是附属于海关，清同治五年（1866），北京海关总税务司署及上海、镇江、天津海关便先后附设邮务办事处，负责各国使馆及海关往来文件之传递。清光绪四年（1978），镇江开始试办邮政，收寄公众邮件。当年冬，以天津为枢纽，开辟了冬季骑差邮路三条（天津—镇江，天津—烟台，天津—牛庄）。清光绪二十二年（1896）3月20日大清邮政建立，镇江邮局随即在4月9日即宣告成立，晚清时镇江邮局盛极一时，业务量一度列全国第二，仅次于上海。直到解放前夕，镇江邮局都被定为一等甲等邮局。

在相当长一段时间内，镇江邮局都是在租界海关内办公，1915年，感于租界不准马车通行，且晚间栅栏上锁，接运火车邮件诸多不便，于是在京畿路择地兴建局屋，1921年落成，1924年总局由江边迁至京畿路自建邮局办公，副邮务长张荣昌为首任华人局长。如今沿京畿路而行，这幢仿西方门楼式建筑在路的北侧，仍然

红卍字会

十分显眼，红砖叠砌墙面，临街迎面有高层台座，用花岗岩石叠砌，在前面南北低处置门，有阶梯进入券廊式门楼内平台，再进入二层楼内邮政办公大厅。迎街及南北墙面皆置高直长方形带铁栅栏的玻璃窗，正面门楼及檐口砌有山花装饰，屋面为瓦楞铁皮顶。

同样是在京畿路北侧，还有一幢很显眼的建筑——世界红卍字会江苏省分会旧址。这幢建筑中西合璧也很明显，门口为西洋柱式的高大门楼和门额，顶部为亭台楼阁式建筑。江苏红卍字会成立于民国十二年（1923）九月，至1930年时有会员700余人，该会的主要职能是对镇江地方发生兵灾、水灾、旱灾时进行救济、救护。经常费用由会员缴纳月捐维持，事业费用由会长临时向社会募捐。民国二十年（1931），重新修建会所。该会由镇江商会头面人物陆小波主持，他当了镇江红卍字会会长后，开展了许多地方慈善事业。

军阀混战时间，镇江曾两次蒙受战祸，居民生命财产损失惨重。一次是直奉战争奉军南下时，一次是孙传芳部队进犯镇江，与北伐军展开争夺战。红卍字会救济队人员都进行了有效的救护工作。日军侵华战争发动后，上海等地遭到轰炸，居民纷纷逃难，众多苏北原籍者冒险来镇江过境，陆老专派红卍字会救济队在火车站树起白底红卍字徽旗帜接待难民，将他们带到江边候船，每人分发银元 2 元，并给大饼充饥，免票乘船过江。

红卍字会还进行日常救济工作。如春秋两季，派掩埋人员巡视各处荒野孤坟，如尸骨抛露者，重新埋葬。红卍字会常年备有成批"薄皮材"施给贫困无力买棺材者。夏天的时候，红卍字会在行人较为集中的地区，设置多处茶亭，用中药夏枯草代替茶叶，免费供应茶水。设西医免费为穷苦百姓看病。冬天，为穷人发放钱票、米票、棉衣票，到指定店家兑取。种种善举，至今仍被众多镇江人尤其是老年人口耳流传。

顺述一句，"卍"字是上古时代许多部落的一种符咒，在古印度、波斯、希腊、埃及、特洛伊等国的历史上均有出现，最初是太阳或火的象征，以后普遍被作为吉祥的标志。"卍"随佛教传入中国，被画在佛祖如来的胸部，被佛教徒认为是"瑞相"。中国佛教对"卍"字翻译

京畿路吉庆里

也不尽一致，北魏时译成"万"字，唐玄奘等译成"德"字，武则天又定为"万"字，因而也有写作红"万"字会的。

清 周镐《京畿晓发》

京畿路还有不少巷道和众多商者宅第，清幽深远老宅错叠，古风纯朴恍若室外，如广东籍旅镇商人卓翼堂所建吉庆里，镇江有名的银造商许成纪自建的瑞芝里等。说起来，这里明清时就是一条险关狭谷之路，被誉为镇江西门第一关，名商巨贾、文人雅士初上江南岸，几乎都会踏上京畿路，清周镐传世名画《京江二十四景》中即有一幅"京畿晓发"的写实国画。如今看来，这幅画附会为促人警醒催人前行之意也未尝不可吧。

◎ 西侨公墓

　　"她的坟墓，以及我的年幼的兄弟姐妹的坟墓——都在我的中国家乡、江苏镇江的一处小小的墓地里。我在最近请求准予前往镇江访问，以便去看看我的祖坟。现在我知道，我永远不会再见到它们了。也许，它们已经荡然无存。许多坟墓已被劫掠无遗，墓主被耕犁翻到了地下去肥田。我将永远不能知情。"

　　这是赛珍珠《最后的倾诉》里的一段话，文中的"她"即是赛珍珠的母亲

赛珍珠

1895年赛兆祥和妻子凯丽和儿子埃德加、克莱德及女儿珍珠全家合影

凯丽，全名凯丽·斯特婷·赛顿斯特里克。那"一处小小的墓地"就是"西侨公墓"，位于云台山西麓牛皮坡旁。赛珍珠晚年曾几次申请到中国来扫墓，也曾委托中国作家王莹代为探视，而最终都未能如愿。可以说，这个墓园成为回到美国后的赛珍珠最魂萦梦牵的地方。

在镇江的历史上，甚至在今天，赛珍珠都应该说是非常特殊的一个外国人，这位曾获得诺贝尔文学奖的著名作家自幼就生活在镇江，前后一共有 28 年。赛珍珠爱镇江，她在自传里深情地写道："Chinkiang is my home city"（镇江是我的故乡），她著书立说，向美国人民宣传介绍中国传统文化，被美国前总统尼克松誉为"一座沟通中西方文明的人桥"。镇江也爱赛珍珠，镇江的山水人文将赛珍珠养育长大，教会了她读书写作，还有一口正宗的镇江话；如今镇江仍然保存有赛珍珠故居，有专门纪念她的珍珠广场，有一个专门研究她的赛珍珠研究会……

赛珍珠与镇江有如此深厚的渊源，有一个人至关重要，那就是她的母亲凯丽。赛珍珠的父亲赛兆祥是美南长老会派遣来华的一名著名传教士，1880 年 10 月与新婚妻子凯丽来华。

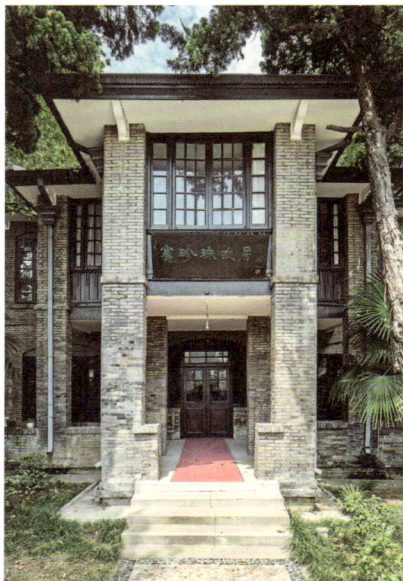

赛珍珠故居

1885年，凯丽在苏州患上了肺结核，决定全家暂时搬迁到烟台，赛兆祥在山东长老会工作，凯丽在海边疗养。1886年秋，病愈后的凯丽向赛兆祥提出定居到镇江，其理由有三：一、马可波罗游记里介绍的镇江，是一个非常美丽的城市，有许多著名的庙宇和宝塔，凯丽是一位马可波罗迷；二、镇江是江南的一个大型港口城市，长江和大运河在这里交会，商业非常发达；三、镇江不像沿海城市那样潮湿和闷热。特别使凯丽感到喜欢的是，镇江周边的风景与其家乡美国西弗吉尼亚州风景极为相似。家庭问题当然以女主人的意见为主，于是赛家来到了镇江，之后赛兆祥只身一人到苏北的清江浦传教。直到 1889 年秋，赛兆祥以极低廉的价格在清江浦租赁到一处很大的宅院，遂全家搬迁到清江浦。这是赛家第一次在镇江居住，前后共 3 年时间。

1890 年夏，在不到一个月的时间里，凯丽在经历痛失两个孩子的巨大打击之后，已处于崩溃的边缘，赛兆祥决定携全家返回美国休假。在美期间，凯丽于 1892 年 6 月 26 日生下了赛珍珠。在赛珍珠 5 个月大时，凯丽决定启程返

曾经的云台山维多利亚公园

维多利亚公园的房子

回中国，于 1892 年 12 月 14 日乘船抵达上海，到达上海的这一天正是赛珍珠 5 个月零 24 天，随后乘船到达清江浦。1896 年早春，在凯丽的强烈要求下，赛家第二次搬迁到镇江。正是凯丽对镇江的这种热爱，才让赛珍珠开始了在镇江的生活，并在镇江度过了童年、少年及青年时代。

凯丽爱镇江，常带着孩子们到处观赏镇江的山水，金山焦山等地到处都留下了他们游玩的身影，云台山一带也不例外。伯先路蒋怀仁诊所北侧，有一条通向云台山山顶的水泥台阶。在上世纪 70 年代之前，这条台阶及山上道路还保存完好，台阶到了半山腰就变成了水泥小道，水泥小道两侧砌有鹅卵石，在两侧种有各种颜色的小花，宁静而美丽。这条小道蜿蜒地通向山顶，山顶就是英国人修建的维多利亚公园。赛珍珠妹妹格莱斯在《异邦客的女儿》写道："珍珠喜欢这座公园，这里有一条砌有鹅卵石的小道，在这里非常风凉，小道转角处的灌木丛旁设有坐椅和花坛，还有时而出现的山鸡……"

赛兆祥与凯丽先后养育了 7 个孩子，但其中 4 人先后夭折：1884 年 9 月，凯丽的第二个孩子、长女莫德去世，安葬于上海基督公墓。1890年夏，只有一岁半亚瑟去世，就在夫妻俩将亚瑟的遗体送到上海准备将亚瑟安葬在莫德身边时，三岁的埃迪斯又染上了霍乱，并于几天后死去。凯丽极度悲伤，将这三个孩子都葬在了上海基督公墓同一片坟地里，然后返回了美国。1899年1月10日，5岁的克莱德因病在镇江去世，赛兆祥和凯丽将他葬在了西侨公墓，小克莱德也是赛家最早安葬在这里的人。

1921年10月19日，凯丽在镇江逝世，享年64岁，葬在西侨公墓。这是赛珍珠人生中悲伤的一页，她在《赛珍珠自传：我的几个世界》中写道："凯丽的葬礼于次日举行，这是一个灰暗的秋日，淅淅沥沥地下着秋雨，一支小小的送葬队伍走下山坡，穿过山谷，来到那个小小的带有围墙的公墓，这里安葬着白人。喔，这是一片充满悲切的异国他乡安葬白人的墓地啊！我和妈妈曾经多次走过那些小径，为我多年前安葬在这里的弟弟献上鲜花。那里许多墓碑上的诗文我都能背下来，这儿最早的几个坟墓已有一百多年历史了。"

根据凯丽遗愿，由美南长老会经办，她的

长女莫迪、次子亚瑟和次女埃迪斯三个孩子也从上海迁葬到镇江凯丽墓旁，镇江西侨公墓里赛氏五人墓也成了赛珍珠生命中最柔软、最牵挂的部分。

基督教中国内地会创始人戴德生是葬于西侨公墓中另外一位知名人士。戴德生 1832 年来华传教，他和妻子玛丽亚共生育 9 个孩子。1870 年 7 月 7 日，玛丽亚生下最后一个孩子诺埃尔后染上霍乱，因无力照顾孩子，诺埃尔于 7 月 20 日死于营养不良，3 天后玛丽亚也去世。玛丽亚和她的三个早逝的孩子均被安葬在西侨公墓。玛丽亚去世后，戴德生极度悲伤，留下遗嘱："只要我逝世于中国，一定要将我安葬在玛丽亚的身边。"1905 年 6 月 3 日，戴德生在长沙突然辞世，人们按照戴德生的遗嘱将他的灵柩护送至镇江并安葬在西侨公墓玛丽亚的墓旁。中国内地会在戴家墓地上为戴德生修建了纪念碑，该碑后由镇江市博物馆保管并收藏，1999 年被竖立在镇江大西路福音堂内。

客观地说，西侨公墓从一个侧面记录了一批西方人从 19 世纪初到 20 世纪中叶在镇江的生活，他们在镇江的活动已成为镇江近代发展

赛珍珠一家合影，左起赛珍珠、赛兆祥、赛珍珠的妹妹格莱斯、母亲凯丽，后排为保姆王妈

史的一个组成部分。但由于种种历史原因，这片墓园如今并不能得见，尤其 1965 年镇江木材公司征用此地修建仓库之后，加之十年动乱期间墓地资料的毁失，使得这段并不遥远的历史如今已变得非常模糊。直到近几年来，随

戴德生

着对赛珍珠和戴德生等一批西方著名人士研究
的不断深入，镇江西侨公墓才开始受到世人的
关注，并越发凸显该墓地所具有的历史、宗教、
文化和经济价值。

　　如今，从京畿岭沿牛皮坡，云台山西麓的
建设仍在继续，往来数次，所见都是新修的仿
古建筑，我已无从知道，赛珍珠魂萦梦牵的那
片墓地应该从哪个墙根进去找寻。

代后记

爱上西津渡，爱上镇江

　　你去过西津渡多少回？这对众多镇江市民来说都是个无法回答的问题。因为镇江人有事没事就喜欢到西津渡逛逛看看，西津渡就在城市中间，就在市民们身旁，没有距离，一抬脚就到了。

　　为了写作这部书稿，我又一次次拎着相机，辗转在西津渡古街巷陌中，我试图去读懂这里的每一栋建筑、每一条巷道、每一个台阶……然后，我被淹没其中，久久不能自拔。这样的尝试无疑是一种可笑的徒劳，在西津渡深厚的历史文化底蕴面前，我还只是一个小学生，眼中扑闪的不过是每一次发现的惊奇，而古渡就像一个鹤发银髯的长者，静静地看着我的努力和跳跃，而他微笑不语。

感谢众多的镇江历史文化研究的前辈们，他们关于镇江历史文化的梳理与研究已经取得了丰硕的成果，西津渡文化研究也已出版了多本专著，这些都让我在写作时有了更多的底气。更让我感动的是，远在北京的金存启老师、西津渡发展公司文史办的张峥嵘老师、牛荟女士，好友习斌，还有我的爱人马丽等，更是给了我许多无私的、真切的帮助，他们都是镇江人，都对镇江历史文化有着深刻的研究，对西津渡有着发自内心的爱，而且盼望西津渡能为更多的人所爱。

在镇江生活十多年了，我仍然记得当年漂泊四方来镇江时的感动，第一次踏上镇江街面时，我就曾暗暗对自己说："我要留在这座城市里。"这些年，镇江像故乡一样包容了我的幼稚，帮助着我成长；我也在一次次采访、一次次行走中更加热爱这块土地。西津渡就是这块土地上一颗宝珠，安静地散发着独特而诱人的光芒，为这颗宝珠著文，是我这个新镇江人的荣幸！